Awging Bulpi toh Haamkhia In

*"Nidang lai peha um,
vaantung saang sawna tuangpa
kawmah;
ngaiin,
a aw, aw loupi mahmah
a suah hi."
(Psalm 68:33)*

Awging Bulpi toh Haamkhia In

Dr. Jaerock Lee

Awging Bulpi toh Haamkhia in a gialtu Dr. Jaerock Lee
Sundohtu Urim Books (Palai: Johnny. H. Kim)
235-3, Guro-dong 3, Guro-gu, Seoul, Koreaorea
www.urimbooks.com

A neitu hihna khaam veh ahi. Hi lehkhabu chu a pumpi hi'n a bawngkhat hitaleh a suahtu phalna bei a bangchizawng ahakhat a teisawn ahiai ahihlouhleh electronik, limnamdoh, khumthoh, ahihlouhleh sil dang zanga suahkhiat phal ahi sih hi.

Kiheetsahna dang a um louhleh, Bible thukisoite laahsawnte chu, Holy Bible, NEW AMERICAN STANDARD VERSION apat kila ahi. Copyright © 1960, 1962, 1963, 1968, 1971, 1972, 1973, 1975, 1977, 1995 The Lockman Foundation in a neih ahi. Phalna toh kizang ahi.

Copyright © 2015 neitu Dr. Jaerock Lee
ISBN: 89-7557-060-6
Lehtheihna Copyright © 2013 neitu Dr. Esther K. Chung. Phalna toh kizang ahi.

Sut Khatna September 2015

A masa a Korea haam a Urim Books in Seoul, Korea ah 2011 a sut ahi.

Endihtu Dr. Geumsun Vin
A Cheimawitu Urim Books Cheimawi Pawl
Tanchin kimzaw heetna diingin urimbook@hotmail.com toh kithuzaah in.

Kisuahdohna Thusoi

Pianken aw, siamdohna natoh a dim, tungtawn a simtute'n dawnna leh gualzawlna a muh diing uh kinepna toh....

Hih khovel ah awging chi tampi a um hi. Va haam kilawmtahte, naungeeh khohelou nuihging, mipite kipaah a kikou, khawl ging, huleh tumging aw chihte a um hi. Zaahphaah chianga sil gingte a um a, huleh mihing bil a kiza thei lou 'ultrasound' kichi ging zong a um hi.

Awging in a phaahna chiang a san taluat a ahihlouhleh a ngiam taluat leh, um zongleh i za thei sih uhi. Hubanah, i lungtang chauh utoh i zaah theih uh awgingte a um hi. Hikhu chu i sialepha heetna uh awging bang sim khat ahi. Huleh awging kilawmpen leh silbawltheipen bang hi diing ahiai? Hikhu chu 'Awging Bulpi' Siamtu Pathian in A soidoh, silbangkim hung kipatna ahi.

"Nidang lai peha um, vaantung saang sawna tuangpa kawmah; ngaiin, a aw, aw loupi mahmah a suah hi." (Psalm 68:33).

"...Huleh ngaiin, Israel Pathian loupina chu suahlam apatin ahung a; huleh a aw chu tui tampi ging abang a, leitung chu a loupinain a taanvaah hi" (Ezekiel 43:2).

A chiil in, Pathian in Vaah a sunga aw thupitah kituun bangin a vaannuai zousiah A khuh hi (1 Johan 1:5). Huchiangin, Ama'n 'mihing chituhna' lungsiatna dihtah A kikoppih diing ta dihtahte neihna diingin A suan hi, huleh Pathian a Mi Thumte, Pa, Tapa, huleh Hagau Siangthou bangin ahung um hi. Awging bulpi chu Pa a bangin Tapa leh Hagau Siangthou ah a kituun hi.

A hun ahung tuntahin, Pathian a Mi Thumte vaante leh lei leh a sung silte zousiah siamna diingin awging bulpi toh A haamdoh hi. Hichiin a chi hi, "Huleh Pathian in, Vaah um heh, a chi a: huchiin vaah a umta hi."" Huleh Pathian in, Vaan nuaia tui umte mun khatah umkhawm henla, gamgaw hung kileng heh, a chi a: huchiin huchibang ahung hita hi." "Huleh Pathian in, Leiin loupate, anteh chi neite, huleh theikung, leitunga amahuh jat umdan diing banga gah, a gah sunga a chi umte suahdoh heh, a chi a: huchibang ahung hita hi.""Huleh Pathian in, Suun leh zaan sukhen diingin vaan huihkhua ah vaahsahtute um henla; hute chu chiamchihnate, hunbite, nite, huleh kumte heetna diing hi heh.""Tuite chu ganhing hinna neite in dim henla, huleh vate leitung a leengte vaan kihong zautah ah leeng uheh," (Siamchiilbu 1:3; 1:9; 1:11; 1:14; 1:20).

Hujiahin, silsiam chintengte'n Pathian a Mt Thumte apat

a kisoidoh awging bulpi a za thei va, huleh hun leh mun khen pel ah a mang uhi. Tanchinhoih Lite ah, hinna neilou silte, huih leh tuikifawnte tanpha Jesu'n awging bulpi toh thu A soi chiangin A dai uhi (Luke 8:24-25). Mizeng kawma, "Na sualna ngaihdam ahita," huleh "Thou inla, na lupna pua inla huleh inn ah chiah in," (Matthai 9:6) A chih chiangin, a thoudoh a huleh inn ah a chiah hi. Hih siltung mute a haamhaih va huleh Pathian hutobang thuneihna mihingte kawma pepa a paahtawi uhi.

Johan 14:12 in hichiin a chi hi, "Chihtahjetin, chihtahjetin, ka hung hilh ahi, Koipouh kei hung gingta inchu ka silbawlte ama'n zong abawlve diinga, huleh hite saanga loupi zaw zong abawl diing, ka Pa kawma ka chiah diing jiahin." Tuin, tuni hun ah bangtobang in awging bulpi natohna i mu thei diviai? Silbawlte lehkhabu ah mite chu Pathian silbawltheihna taahlang diingin Pathian vanzat in, amahuh va siangthouna chituh diinga a lungtang vapat gilou a paihmangna chiangchiang vah zat ahi uh chih i sim uhi.

Peter in mikhat a pian apat a pai theilou kawmah Nazareth Jesu Khrist mina pai diingin a hilh a huleh a khut a tu hi. Huchiin mipa ahung dingdoh a, huleh a pai a huleh a kitawm hi. Tabitha, a sisa kawma, "Thou in" a chih chiangin, ahung hing kiit hi. Sawltaah Paul in Eutychus kichi tangval sisa khat a kaithou kiit a, huleh a rumal ahihlouhleh a puansilh a sapum apat damlou kawma tawi ahih chiangin, natna in amahuh a nusia a huleh hagau gilou a chiahmang hi.

Hih Awging Bulpi toh Haamkhia in kichi chu "Siangthouna leh Silbawltheihna" laha lehkhabu nunungpen ahi. Hikhu in awging bulpi tungtawn a Pathian silbawltheihna tuaahkhana diing lampi ahung lah hi. Huleh Pathian silbawltheihna natoh dihtahte pulaahna zong a um a huchia simtute'n a niteng hinkhua va hih daan a zat theihna diingin. Huleh, "Bible Tehkhinnate" simtute hagaulam lalgam leh dawnna muh diingdan lampite heetsiamna diing panpih diing zong a um hi.

Geumsun Vin, Editorial Bureau a director leh a seppihte tungah kipaahthu ka soi a, huleh Lalpa mina mi a tam theilam in silsiamna natohnate langsah awging bulpi tuaahkhaahna tungtawn a, a haamteina uh dawnna leh gualzawlna a tang uh chu ka haamteina ahi.

Jaerock Lee

Thumapui

Kouhtuam khan toh kiton in, Pathian in, "Kaal-nih Kizom a Halhthahna Chialpi Kikhopna" 1993 apat 2004 tan ahung neisah hi. Hikhu chu Pathian in kouhtuam membarte'n hagaulam ginna a neih va huleh hoihna, vaah, lungsiatna, leh Pathian silbawltheihna halkhat mu diinga ahung phalsahna khat ahi. Kumte hung pai jel in, Pathian in a hinkhua vah silsiamna silbawltheihna hun leh mun pel lam ah A musah hi.

Huh halhthahna kikhopnate a thusoite chu "Siangthouna leh Silbawltheihna" khiil ah a kikhilkhawm hi. Awging Bulpi toh Haamkhia in in hagaulam sil thuuhtah khenkhat a kihe beehseeh loute, Pathian hung kipatna; a tuunga vaante; awging bulpi tungtawn a hung kilang silbawltheihna natohte leh hinkhua a, a tahtaha tuaahkha diingdan toh kisai ahung hilh hi.

Bung 1, 'Bulpi' kichi in Pathian koi, bangchi hung um, huleh bangjiaha mihingte A siam chih ahung hilhchian hi. Bung 2 "Vaante' in vaan tampi a um a huleh Pathian in hih vaante zousiah tungah vai a hawm chih ahung hilh hi. Hikhu in hih Pathian a i gintaat va ahihleh buaina khat pouhpouh diing dawnna i muthei chih, Naaman, Aram sepaih houtulian khat etsahna tungtawn in ahung hilhchian tou hi. Bung 3, "Pathian a Mithumte" kichi in bangjiaha Pathian bulpi munawngte khenzaah a huleh Pathian Mithumte ahung um thei ahiai, huleh Mithumte laha A dinmun chih uh bang ahiai chih toh kisai a soi hi.

Bung 4, 'Dihtatna' in Pathian dihtatna leh huh dihtatna dungjuia dawnnate bangchi muh diing chih a soi hi. Bung 5, 'Thumanna' in Jesu Pathian thusoi tengteng mang veh toh kisai a soi a, huleh Pathian natohte tuaahkhaahna diinga Pathian thu eite'n zong i man diing uh chih a soi hi. Bung 6, 'Ginna' in gingtute zousiahte'n a gingta uh zongleh uh, dawnna muhdan ah a kikhiatna a um chih ahung hilh hi, huleh hikhu in Pathian muanna buching lohdoh thei ginna langsah diinga bang bawl diing chih zong ahung hilh hi.

Bung 7, 'Kei koi na hung chi viai?' in Peter, a lungtang sungnung apat Jesu chu Lalpa ahi chi a phuan chianga gualzawlna thuchiam tang, etsahna toh dawnna i muh theihna diinguh lampi toh kisai a soi hi. Bung 8 "Nanguh diinga bang bawl diingin na hung deih viai?' in mittawpa in dawnna a muhdan a dandan in ahung hilhchian hi. Bung 9 'na gintaat dungjuiin na tungah bawl ahi diing' in sepaih zahoutu in dawnna a muhna diing thuguuh a langsah a, huleh i kouhtuam uh dinmun tahtah ahung pulaah hi.

Hih lehkhabu tungtawn a, a simtute zousiah in Pathian kipatna bulpi leh Pathian a Mithumte natohnate ahung heetsiam va, huleh dihtatna dungjuia a thumanna uleh a ginna uh tungtawn a, a nget photmah uh a tan va, huchia Pathian loupina a piaah theihna diing un Lalpa min in ka haamtei hi.

April, 2009
Geumsun Vin,
Director of Editorial Bureau

A Sunga Thute

Kisuahdohna Thusoi

Thumapui

Bung 1	Bulpi	· 1
Bung 2	Vaante	· 17
Bung 3	Pathian a Mithumte	· 35

Bible a Etsahnate I

Vaangam khatna vaangam nihna kotkhaah a kihong chianga siltung tungte

Bung 4	Dihtatna	· 55
Bung 5	Thumanna	· 73
Bung 6	Ginna	· 91

Bible a Etsahnate II

Vaangam thumna leh ning thumna munawng

Bung 7	Kei Koi Na Hung Chi Viai?	· 109
Bung 8	Nanguh Diingin Bang Bawl Diingin Na Hung Deih Viai?	· 125
Bung 9	Na Gintaat Dungjuiun Na Tungvah Bawl Ahi Diing	· 141

Bible a Etsahnate III

Pathian, vaangam lina neitu, silbawltheihna

 # Bulpi

> Pathian bulpi i heetsiam va
> huleh mihing bang hung chi um chih i heetsiam uleh,
> mihingte mohpuaahna zousiah i tongdoh thei uhi.

Pathian bulpi

Pathian bulpi in mihing chituhna A guanggalh

Pathian a Mithumte lim

Pathian in ta dihtahte neihna diingin mihingte A siam

Mihing hung kipatna

Hinna chite leh naupaina

Siamtu Pathian bangkimbawlthei

"A chiil in Thu a um hi, huleh Thu chu Pathian kawmah a um, huleh Thu chu Pathian ahi."

(Johan 1:1)

Tuni in, mihing tampite'n sil umzebeite a hawl uhi ajiahchu vaannuai hung kipatna bulpi ahihlouhleh a tunga vaihawm Pathian dihtah toh kisai a he sih uhi. A utut uh a bawl uhi ajiahchu hih leitung a bang diinga hing ahi viai chih a he sih uhi – hinkhua siltup leh luulna dihtah. Bangteng hitaleh, hampa banga kivei lehleh hinkhua ah a hing uhi ajiahchu a bulpi uh a heetlouh jiahun.

Bangteng hitaleh, Pathian ah i gingta thei va huleh Pathian a Mithumte bulpi leh mihing bangtobang a hung um ahiai chih hesiam in mihing 'mohpuaahna zousiah' bawl hinkhua ah i hing thei uhi. Tuin, Pathian a Mithumte, Pa, Tapa, leh Hagau Siangthou bulpi bang ahiai?

Pathian bulpi

Johan 1:1 a chiil a Pathian toh kisai, chihchu Pathian bulpi ahung hilh hi. Hitahah 'a chiil' kichi bangchih hun ahiai? Hikhu chu kumtuang kipat masang, koimah dang a um louh a hizongleh Siamtu Pathian vaannuai munawng zousiah a, A umna hun ahi. Vaannuai munawng zousiah in muhtheih munawng chinteng a kawh sih hi. I tenna uh vaannuai a munawng chihlouh, ngaihtuah phaahlouh munawng leh teeh seenglouh munawng zong a um hi. Hih munawngte zousiah tel in vaannuai pumpi ah, Siamtu Pathian chauh a chiil apat in A um hi.

Hih leitung a silbangkim in phatawp leh bull eh tawp a neih jiahin, mi tampite'n 'kumtuang masang' kichi ngaihdan a hesiam thei pahpah sih uhi. Tuin, Pathian in, 'A chiil in

Pathian a um" ana chi thei hi, hizongleh bang diinga, "A chiil in Thu a um" ana chi ahiai? Hikhu jiah chu Pathian in tua a 'lim' leh 'meelpuaah' ana nei sih hi.

Hih khovel mite'n phatawp a nei hi, hujiahin bangchizawng ahakhat in lim ahihleh meelpuaah khat amahuh a kimuhtheihna leh khoihkhatheihna diing a deih uhi. Hujiahin milim tuamtuam a biah diing uh a bawl uhi. Hizongleh mihing bawlsa milim vaante leh lei leh a sunga sil um tengteng siamtu pathian ahung hi thei diai? Bangchiin hinna, sihna, vangphatna, leh vangsiatna, huleh mihingte khangthu nasan tunga thunei pathian ahung hi thei diai?

Pathian chu a chiil ah Thu bangin a um a, hizongleh mihingte'n Pathian A um ahi chih ahung heetdoh theihna diingun, lim ahung nei hi. Hujiahin, bangchidan in Pathian, a chiil a Thu hi, hung um thei ahiai? Amah chu vaah kilawm leh awging thupitahin A um hi. Min ahihlouhleh lim nei a, A um a ngai sih hi. Amah chu Vaah a sunga awging kingasah huleh vaannuai a munawng zousiah enkoltu bangin A um hi. Johan 1:5 in Pathian chu Vaah ahi a chi hi, Ama'n vaannuai a munawng zousiah A tuam a huleh a sunga awging a kingasah hi, huleh huh awging chu 'Thu' Johan 1:1 kisoi ahi.

Pathian bulpi in mihing chituhna A guanggalh hi

A hun ahung tun chiangin, Pathian a chiil apat a Thu banga ana um in lemgelna a guanggalh hi. Hikhu chu 'mihing chituhna' ahi. Mawltaha soi in, hikhu chu mihing siamna leh amahuh punsahna diinga sil kiguanggalh ahi, huchia amahuh laha khenkhatte Pathian ta dihtahte Amah ngei suun a ahung umdoh theihna diingun. Huchiangin, Pathian in vaan lalgam ah A laluut diinga huleh amahuh toh kumtuangin lungsiatna kikop kipaahtahin a teeng zing diing uhi.

A lungsim a hih sil kiguanggalh nei in, Pathian in A sil guanggalh chu hun khat kalbi khat in A paipih tou hi. Khatna ah, vaannuai pumpi A khenzaah hi. Bung nihna ah munawng toh kisai a kimzaw in ka hung hilhchian diing. A dihtahin, munawng zousiah chu munawng khat ahi, huleh Pathian in munawng pumpi khat chu mihing chituhna diing poimohna dungjuiin munawng tampi in A khen hi. Huleh munawng kikhenna zoh in siltung poimohtah khat a um hi.

A kipatna um masang in Pathian khat chauh A um hi, hizongleh Pathian chu Pa, Tapa, huleh Hagau Siangthou a Mithumte in ahung um hi. Hikhu chu Pa Pathian in Tapa Pathian leh Hagau Siangthou Pathian ahung hingkhiah tobang ahi. Hikhu jiahin, Bible in Jesu chu Pathian Tapa neihsun bangin a soi hi. Huleh Hebraite 5:5 ah, "Nang chu Ka Tapa Na hi, tuni in Nang Ka hung nei hi," a chi hi.

Tapa Pathian leh Hagau Siangthou Pathian in lungtang leh silbawltheihna kibang A nei uhi ajiahchu Pathian khat apat hung ahi uhi. Mithumte chu silbangkim ah a kibang veh uhi. Hikhu jiahin Philpite 2:6-7 in Jesu toh kisai hichiin a chi hi, "....Amah chu Pathian banga um hiin, Pathian toh kibanga um chu sil khiaahlah huaiin angaihtuah sih a; Hizongleh amah chu hung kikoihgiamin, suaah bangin ahung uma, mihing banga siamin ahung uma."

Pathian a Mithumte lim

A chiil in, Pathian chu Thu Vaan a kinga in A um hi, hizongleh mihing chituhna diing jiahin Pathian a Mithumte in meelpuaah ahung nei hi. Pathian in mihing A siamna dinmun toh kisai i ngaihtuah leh Pathian lim diing i suangtuah thei uhi. Siamchiilbu 1:26 in hichiin a chi hi, "Huleh Pathian in, I lim bang leh Eimah kibatpihin mihing I siam diinga; amah u'chu tuilianpia ngate, huihkhua-a leeng vate, gantate, leitung zousiah leh, leitunga aboha vaah ganhing chinteng tungah thu i neisah diing," Hitaha 'Eimah' kichi in Pa, Tapa, huleh Hagau Siangthou a Mithumte a kawh hi, huleh Pathian a Mithumte lim a siam i hi uh chih he thei uhi.

Hichiin a chi hi, "Eimah kibatpihin mihing I siam diing," huleh Pathian a Mithumte'n bangtobang lim A nei uh chih zong i hesiam thei uhi. A dihtahin, Pathian lim a mihingte siam kichi in i polam kilatdan uh Pathian toh kibang ahi chihna chauh ahi sih hi. Mihing chu a sunglam a zong Pathian lim a siam ahi uhi; amah chu hoihna leh thudih a, a sunglam a siam hi.

Hizongleh mihing masapen Adam thumanlouhna ah a sual hi, huleh huchiin amah siah ahih laia kipiaah lim masapen a mangsah hi. Huleh ahung dih sih a huleh sualna leh giitlouhna ah ahung kisuniinta hi. Hujiahin, i sapum uleh lungtang uh Pathian lim a siam ahi chih i heetsiam tahtah va ahihleh, hih Pathian lim mangsa i mukiit thei uhi.

Pathian in ta dihtahte neihna diingin mihingte A siam hi

Munawngte kikhen zoh in, Pathian a Mithumte'n khatkhat in sil poimohte A bawlpan uhi. Etsahna diingin, Vaah leh Awging a, A um laiin tenna mun A poimoh sih hi. Hizongleh meelpuaah khat ahung neih zoh in, tenna mun leh Amah natong angelte leh vaan sepaihte A poimoh hi. Hujiahin hagaulam lalgam ah hagaulam silte A siam hi, huzohin i tenna uh vaannuai ah silbangkim A siam hi.

A dihtahin vaante leh lei i mun va umte hagaulam lalgam a silbangkim A siam zoh nunga A siam ahi sih hi. Pathian a Mithumte'n hagaulam lalgam A siam zoh in, vaanlam sepaihte leh angelte hutaha umte toh hun sawtpi petmah A teengkhawm uhi. Hutobang a hun sawtpi nung in, muhtheih mun a silte ahung siam veh hi. Huleh mihingte ten theihna muna khohunte zousiah ahung siam zoh nung in Amah lim suun in mihing ahung siam hi.

Tuin Pathian Amah natong angelte leh vaanlam sepaihte tampi a um vanga mihing siam ahi diai? Hikhu jiah chu ta dihtahte neih A ut hi. Ta dihtahte chu Pathian bang huleh Pathian toh lungsiatna dihtah kikop theite ahi uhi. Bangzah ahakhat chauh chihlouh, vaanlam sepaihte leh angelte'n ajiah bei in thu a mang va huleh na a tong uhi, bangchizawng ahakhat a, 'robot' bangin. Nulepate leh tate na ngaihtuah leh, koi nulepate in amah tate sangin 'robotte' a lungsiatzaw sih diing hi. A tate a lungsiat uhi ajiahchu deihtelna in khatlekhat a kilungsiattuah thei uhi.

Mihingte chu a lehlam ah amahuh deihtelna toh Pathian thu mang a huleh lungsiat theite ahi uhi. A dihtahin, mihingte'n a pianpian un Pathian lungtang a hesiampah un huleh Amah toh a kilungsiattuahpah thei uhi. Ahung khanlet utoh kiton in sil tampi a tuaahkha va, huchiin Pathian lungsiatna ahung phawh thei va huleh mihing mohpuaahna bukim ahung hedoh thei uhi. Hitobang mite chauh in Pathian chu a lungtang zousiah utoh a lungsiat thei va huleh A deihzawng a mang thei uhi.

Hutobang mite'n Pathian a lungsiat sih uhi ajiahchu nohhaatthu a bawlsah ahihjiahun. Pathian thute chu gawt a um diing lauhna jiahin a mang sih uhi. Amahuh deihtelna liauliau toh Pathian a lungsiat un huleh Amah kawmah kipaahthu a soi uhi. Huleh, hitobang lungput chu a kiheng sih hi. Pathian in mihing chituhna chu ta dihtahte lungtang apat kilungsiattuah a, pia a huleh tang thei neihna diingin A guanggalh ahi. Hikhu ahung um theihna diingin, mihing masapen Adam A siam hi.

Mihingte hung kipatna

Tuin, mihing hung kipatna bang ahiai? Siamchiilbu 2:7 in hichiin a chi hi, "Huleh LALPA Pathian in lei a leivui in mi asiam a, a naah sungah hinna hu ahaihkhuma; huchiin mi chu mihing ahung hita hi." Huchi, mihingte chu silhing chituambiih Darwin 'evolutionism' in ana soi pel lam daiha sil ahi. Mihingte chu ganhing ngiamzote apat awlawl a hung kiheehtou a tuni dinmun chiang hung tung ahi sih hi. Mihingte chu Pathian lim a siam, huleh Pathian in A hu A haihkhumte ahi uhi. Hikhu umzia chu hagau leh tahsa chu Pathian apat hung kuan ahi.

Hujiahin, mihingte chu hagaulam mi tunglam a hung kipan ahi. Ganhing dangte sanga neukhat khangtouzaw ganhingte banga i kingaihtuah diinguh ahi sih hi. Silluite 'evalution' chetna a umte i et uleh,, silsiamte tuamtuamte toh kikaimat thei silluite a um sih hi. A langkhat ah bangteng hitaleh, silsiam chetna chingzaw a um hi.

Etsahna diingin, mihing zousiah in mit nih, bil nih, naah khat, huleh kam khat a nei hi. Huleh a bawn un a mun kibang ah a um veh hi. Huleh mihingte chauh ah ahi sih hi. Ganhing chinteng in kisiamdan kibang a nei veh phial uhi. Hikhu chu silhing kisiam zousiah chu Siamtu khat in A siam ahi. Hikhu chihlouh ah, vaannuai a sil tengteng paidan kituaahtahin, a dihlou um hetlou in a pai chih thudih chu Pathian silsiam chetna ahi.

Tuni in, mi tamtahin mihingte ganhing apat hung kisiamdoh ahi chiin a ngaihtuah va, huleh huchiin khoi a hung kipan a huleh hitaha bang jiaha um chih a hedoh sih uh. Hizongleh khatvei Pathian lim a kisiam silhing siangthoute i hi chih i heetdoh kalsiah uh, i Pa uh koi ahiai chih i hedoh thei uhi. Huchiangleh, Amah thu dungjuia hin i sawm un huleh Amah dung i suun thei uhi.

I pa chu tahsalam pa ahi chiin i ngaihtuah meithei uhi. A tuungin, hinna chi chu Pathian in A piaah ahi. Hikhu paidan ah, i nulepate un a sapum uh chu hutobang chite hung kigawm a huleh pai a i um theihna diing va a khelhsah uh ahi.

Hinna chite leh naupaina

Pathian in hinna chi A pia hi. Pasalte chi leh numeite chi ahung piaah hi huchia nau a neihtheihna diingun. Hikhu toh kisai in, pasalte'n amahuh hihtheihna toh nau a nei thei sih uhi. Pathian in hinna chi amahuh A pia a huchiin nau ahung nei thei uhi.

Hinna chi in Pathian silbawltheihna mihingte tahsa kahiangte pe thei A pia hi. Mittang a muh diingin a neu talua hi, hizongleh mizia, meel leh puam, umdan, huleh hinna tha chu amahuhte ah a kikholkhawm hi. Huchiin, naupangte ahung pian chiangun, a kilatdan chauh a suun sih a, hizongleh a nulepate mizia a la hi.

Mihingte'n nau a neih theih uleh, naungeeh nei theilou a buai mahmah nupa um ahi viai? Naupaina chu Pathian a chauh ahi. Tuni in, damdawi inn neuter ah kikapthoh a nau neihsah chih bang a um a, hizongleh pasal chi leh numei chi a siam thei sih uhi. Silsiamna sibawltheihna chu Pathian a chauh ahi.

Gingtu tampite'n, i kouhtuam chauh uh hilouin gam dangte ah zong, Pathian silsiamna silbawltheihna a tangkha uhi. Nupa tampi a kiteen nung uh hun sawtpi, kum 20 tanpha a sawt, nunga zong nau nei thei lou a um uhi. A bawldan lampi um teng in a sawm va hizongleh a gah a um sih hi. Hizongleh haamteisahna a tan zoh chiangun, tampite'n naungeeh chidamtahte ahung nei uhi.

Kum tampi paita ah, nupa khat Japan a um in hitaha halhthahna chialpi ah ahung tel va huleh ka haamteisahna a tang uhi. A damlouhna uh suhdam chauh in a um sih va hizongleh naupaina gualzawlna zong a tang uhi. Hutobang tanchin a kithedalh a huleh ka haamteisah diingin Japan apat mi tampi ahung pai beh uhi. Amahun zong a ginna uh dungjuiin naupaina gualzawlna a dong uhi. Hikhu in a khonung in huh gamkaih ah kouhtuam kahiang khat a umsah hi.

Siamtu Pathain bangkimbawlthei

Tuni in, damdawi lam a siamna sangtah hung umdoh i mu uhi, hizongleh hinna siamdohna chu Pathian, hinna zousiah tunga vaihawmpa, silbawltheihna chauh toh ahi thei hi. A silbawltheihna tungtawn in, a sisate nasan zong kaihthoh in a um va, damdawi inn a si diinga thutankhumsate zong suhdam ahi va, natna damtheilou siamna ahihlouhleh damdawi in a suhdam theihlouhte zong suhdam in a um hi.

Awging bulpi Pathian in A soidoh in bangmahlou apat silkhat a siamdoh thei hi. Hikhu in silbawltheihna natoh bangmah ahi theilou a um sih chih a phuangdoh hi. Romte 1:20 in hichiin a chi hi, "Ajiahchu khovel siam chiila kipana a silmuhtheihlouhte, a kumtuang silbawltheihna leh a Pathianjia natan chiang silsiamah a kilanga, chiantaha muhin a um hi; hujiahin suanlam diing a nei sih uhi." Hih silte tengteng et mei in, Siamtu Pathian sil zousiah kipatna bulpi silbawltheihna leh hihna i mu thei uhi.

Mihingte'n amahuh heetna sunga apat Pathian heetsiam a tup va ahihleh, phatawp a nei ngeingei diing uhi. Hujiahin mi tampite'n Bible thu kigialte a gingta sih uhi. Huleh, khenkhatte'n a gingta uh a chi va hizongleh Bible a thu kisoi zousiah a gingta veh sih uhi. Jesu'n hih mihingte dinmun a heetsiam louh jiahun, A thusoi chu silbawltheitah natoh tampite toh a namdet hi. Hichiin a chi hi; "Nanguh mite'n chiamchihna leh silmahte na muh masiah uh, na gingta sih diing uhi" (Johan 4:48).

Tuni in hikhu ahi hi. Pathian chu bangkim bawlthei ahi. Pathian bangkim bawlthei i gintaat va huleh Amah a i kingah veh va ahihleh, buaina khat pouhpouh a suhveng theih a huleh natna khat pouhpouh a suhdam theih hi.

Pathian in A Thu toh sil zousiah chu "Vaah um heh," chiin ana siampan hi. Siamtu Pathian awging bulpi ahung haamdoh chiangin, mittawte'n ahung muthei va, huleh kitawlna a kitawlte huleh chiangphuh toh umte ahung paithei un a kitawm uhi. Pathian awging bulpi ahung haamkhiah chiangin ginna toh na haamteina uleh deih uh na nget zousiah uh na muh uh chu ka kinepna ahi.

Emmanuel Marallano Yaipen (Lima, Peru)

AIDS lauhna apat suahtaatsah a um

2001 in sepaih pang diingin damtheihna ka enchiansah a, huleh, "Nang chu HIV vei na hi," chih ka za hi. Hikhu chu ka kilamet hetlouh tanchin khat ahi. Haamse thuaah in ka kingaihtuah hi.

Sungkhoh ka vei gige khu thupi in kana koih sih hi.

Touna ah ka tou huleh panpihtu diing bei ka kisa mahmah hi.

'Hikhu ka nu kawmah bangchiin ka soidoh thei diai?'

Na ka sa mahmah a, hizongleh ka lungtang chu ka nu ka ngaihtuahna jalin a na sem hi. Sungkhoh ka vei gige a, huleh ka kam leh khut mong ahung meima hi. Awlawl in sihna lauhna in ahung tuam semsem hi.

Hizongleh huchiin December 2004 in Peru ah South Korea apat

Pathian suaah silbawltheitah khat a hung chih ka zaah hi. Hizongleh ka natna suhdam ahih diing ka gingta thei sih hi.

Ka tawpsanta, hizongleh ka pi in naahtahin chialpina a tel diingin ahung sawl hi. A tawpin 'Campo de Marte' '2004 Peru United Crusade, Rev. Dr. Jaerock Lee toh kibawl ah' ka chiah hi. Hih kinepna tawpna ah ka tuden nuam hi.

Ka sapum chu thusoi ka ngaihkhiaah laiin Hagau Siangthou silbawltheihna jalin a thanuam zouta hi. Hagau Siangthou natoh kilangte chu silmah a banban a tungte ahi.

Rev. Dr. Jaerock Lee in michih diingin a haamteisah sih hi, hizongleh mipi kikhawm zousiah a diingin a diingin a haamteisah hi. Huleh huchi ahihvangin mi tampite'n suhdam ahih thu uh a soi uhi. Mi tampi touna kitawlna touphah apat in ahung dingdoh va huleh a chiangphuh uh a paihkhia uhi. Mi tampi chu a natna dam theilou uh suhdam ahihjiahun a kipaah mahmah uhi.

Silmah ka tungah zong ahung tung hi. Chialpina ahung bei in

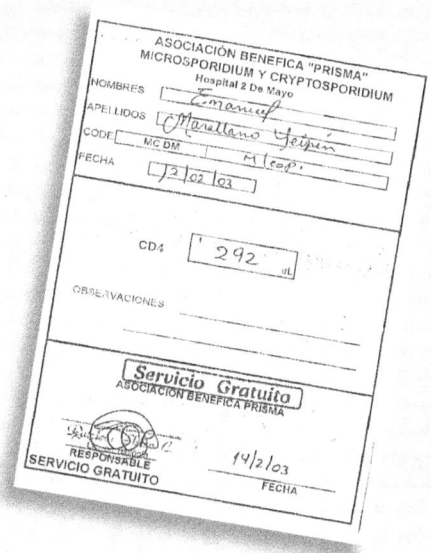

dailenbuuh ah ka luut a, huleh hun sawtpi nunga a khatveina diingin pangaitahin ka zun ka tha thei hi. Ka sungkhoh zong ha nih leh a kim sung in ahung khawlta hi. Ka sapum ahung jang mahmah hi. Suhdam ka hi chih a hechiang mahmah a huleh damdawi inn ah ka chiah hi. Kietna in CD4 damna chi kisim limdangtahin ahung khang a huchiin a pangai ahung hi hi.

AIDS chu tulai a 'Black Death' kichi natna suhdam theihlouh ahi. HIV in CD$ damna chi a susia zing hi. Hikhu in buaina dang umsah damna chi ngiamtahin a umsah a, huchiin a sihna a tut hi.
CD4 damna chi chu ahung si a, huleh hikhu dihtahin a limdang a huchiin hute chu Rev. Dr. Jaerock Lee haamteina jalin suhdam in a um uhi.

Extraordinary Things apat kilakhia

Bung 2 Vaante

> Bulpi Pathian chu vaangam lina ah a teeng a,
> vaante zousiah,
> vaangam khatna, vaangam nihna,
> huleh vaangam thumna, A enkol hi

vaan tampite

Vaangam khatna leh vaangam nihna

Vaangam thumna

Eden Huan

Vaangam thumna

Vaangam Lina, Pathian tenna mun

Siamtu Pathian, Bangkimbawlthei

Pathian Bangkimbawlthei in mihng phatawp a peel hi

Siamtu Pathian bangkimbawlthei muhna diingin

"Nang, nangmah chauh chu LALPA na hi a; Nangma'n vaan, vaante vaan leh a sunga um zousiahte, lei leh a sunga um zousiahte, tuilianpi leh a sunga um zousiahte na siam a, huleh na humbit hi: vaana um zousiahte'n Nangmah ahung bia uhi.

(Nehemiah 9:6)

Pathian chu mihingte phaahtawp ah ahi. Amah chu kumtuang ma in kumtuang in a um hi. Khovel Amah umna chu hih khovel toh kibat hetlou a munawng um khu ahi. Hih muhtheih khovel mihingte tenna chu tahsalam lalgam ahi a, huleh Pathian umna munawng chu hagaulam lalgam ahi. Hagaulam lalgam a um ngei a, hizongleh i tahsalam mitte toh muhtheihlouh ahih jiahin, mite'n a umlam a pom sih kha jel uhi.
Vaanlam a khualzin mi khat in hichiin a chi hi, "Vaannuai ah ka zinkual a hizongleh Pathian hutahah a um sih." Hikhu bangchituha sil ngolhuai ahiai! Ama'n muhtheih vaannuai chu sil tengteng in a ngaihtuah hi. Hizongleh vaanlam suitute'n hih muhtheih vaannuai chu tawpneilou ahi a chi thei giap uhi. Huleh hih vaannuai zaautah vaanlam a khualzintu in bangzah a mu Pathian umna nualthei ahiai? Mihing phatawp nei in, i tenna vaannuai va sil tengteng nasan i hilhchian thei sih uhi.

Vaangam tampite

Nehemiah 9:6 in hichiin a chi, ""Nang, nangmah chauh chu LALPA na hi a; Nangma'n vaan, vaante vaan leh a sunga um zousiahte, lei leh a sunga um zousiahte, tuilianpi leh asunga um zousiahte na siam a, huleh na humbit hi: vaana um zousiahte'n Nangmah ahung bia uhi." Hikhu in vaangam khat chauh a um sih a hizongleh vaangam tampi a um hi chih ahung hilh hi.
Huchi ahihleh, a tahtah a vaangam bangzah um ahiai? Vaan lalgam na gintaat leh, vaangam nih ngaihtuahkha thei meithei hi. Khat chu tahsalam lalgam a vaan ahi, huleh a dangpen chu vaan lalgam hagaulam lalgam a vaangam ahi. Hizongleh Bible in mun tampi ah vaangam tampi um a soi hi.

"Nidang lai peha um, vaantung saang sawna tuangpa kawmah; ngaiin, a aw, aw loupi mahmah a suah hi." (Psalm 68:33).

"Hizongleh Pathian chu leitungah ateeng tahtah na adiai mah? Ngaiin, vaan leh vaante vaanin zong nangmah hung dawllou ahi a: huchiin hi ka inn bawl ah ta sih na mei ni chia!" (1 Kumpipate 8:27)

"Kum sawm leh li ahita, Khrist-a um mi khat ka he a, sapumin ahiai a um ka he sih; sapumlouin ahiai a um ka he sih; Pathian in ahe hi; huchibang mi khat chu vaan thumna tanah laahtouhin a um hi." (2 Korinthete 12:2).

Sawltaah Paul vaangam thumna a laahtouh a um in vaangam khatna, nihna, huleh thumna a um chiin ahung hilh a, huleh vaangam tamsem zong a um thei hi.

Huleh, Stephen in Silbawlte 7:56 ah hichiin, "Ngai in, vaangam kihong leh Pathian Tapa Pathian jiatlam a ding ka mu hi." Mihingte hagaulam mitte ahung kihon leh, hagaulam lalgam a muthei va huleh vaan lalgam a um chih a he uhi.

Tuni in, telsui mite'n vaan tampi a um hi a chi uhi. Hih tungtaang toh kisai a telsuimi tallangpente laha khat chu Max Tegmark, silsiamte lama siam, ahi dan-li a kithuap sil umte toh kisai ngaihdan hung poluut.

Hikhu in a bulpipen ah, khovel sil umdante etkhiahna a kinga in, i vaannuai gam uh chu vaannuai zousiah vaannuai tampi umna laha a ning khat ahi, huleh vaannuai chih in meel kilatdan chituam tahzet a nei hi.

Tahsalam sil kilatdan tuamtuamte umzia chu hun leh mun

umdante a chituam mahmah thei hi. A dihtahin, siamna in hagaulam silbangkim a hilhchian thei sih hi. Ahihvangin, siamna lama et in, i vaannuai uh chu a sil um tengteng ahi veh sih chih taangpi beeh i muthei uhi.

Vaangam khatna leh vaangam nihna

Vaangam tampi umte a taangpi in khenneu nih in a khentheih hi. Amahuhte chu hagaulam lalgam a vaangam i mit va i muhtheihlouh uh huleh i tenna uh tahsalam lalgam a vaangam ahi. Muhtheih vaannuai i tenna uh chu vaangam khatna ahi huleh vaangam nihna apat in hagaulam lalgam ahi. Vaangam nihna ah Eden Huan umna vaah mun leh hagau giloute umna mial mun a um hi.

Ephesate 2:2 in hagau giloute chu 'huihkhua silbawltheihna kumpi tapa,' ahi, huleh hih 'huihkhua' chu vaangam nihna ah a um hi, a chi hi. Siamchiilbu 3:24 in Eden Huan suahlam ah Pathian in cherubte leh tem kuang a ningchin a kivaituah hinna singkung veeng diingin a koih hi.

"Huchiin Ama'n mihing chu adelhdohta a; huleh Eden huan suahlam ah hinna singkung lampi veeng diingin Cherubimte leh meikuang naamsau kiheilehlehthei a koihta hi."

Tuin bang jiaha Pathian in hute suahlam a koih hi diing ahiai? Hikhu jiah chu 'suahlam' chu hagau giloute khovel leh Eden Huan Pathian a hi kigamgiitna mun ahi. Pathian in hagau giloute Huan a, a luut va, hinna singkung apat a neeh va huleh kumtuang hinna a neih louhna diing va Huan A veeng ahi.

Sia leh pha heetna singkung apat a neeh masangun, Adam in Pathian apat a muh Eden Huan tung leh vaangam khatna a sil zousiah tunga thuneihna a nei hi. Hizongleh Adam chu Huan apat nohdoh ahi ajiahchu Pathian Thu a man louh a huleh heetna singkung apat in a ne hi. Huhun a kipat in, koi ahakhat in Eden Huan hinna singkung umna a venbit a ngai hi. Hujiahin Pathian cherubte leh tem kuang chu Huan venbitna diingin Adam luang in A koih ahi.

Eden Huan

Siamchiilbu bung 2 ah, Pathian in hih leitung a leivui apat Adam A siam a, Eden ah huan A siam a huleh Adam huh mun ah ahung koih hi. Adam chu 'mihing' ahihlouhleh 'hagau hing' ahi. Amah chu hagaulam mi Pathian apat a hinna huhaihkhum a um ahi. Hujiahin Pathian in amah chu vaangam nihna ah A koih a, huchu, a tenna diingin hagaulam munawng ahi.

Pathian in amah chu sil zousiah tunga thunei leh vaihawm diingin, huchia vaangam khatna a Leitung a, a zin laiin, A koih hi. Hizongleh Adam in Pathian thumanlouhna toh sualna a bawl chiangin, a hagau a si a huleh hagaulam munawng ah a teeng thei nawn sih hi. Hujiahi Leitung apat nohdoh in a um hi.

Huleh hih thutah hesianloute in Leitung ah Eden Huan muhdoh a sawm nalai uhi. Hikhu jiah chu Eden Huan vaangam nihna, hagaulam lalgam, huleh hih tahsalam khovel hilou, a um chih a hesiam nai sih uhi.

Giza, Aigupta a Pyramid, khovel a sillimdangte laha khat, chu a limdang in huleh a thupi mahmah a mihingte lemheetna bawl louh hileh kilawm khop in a um hi. A suang khat gihdan taangpi chu ton 2.5 ahi. Huleh suang maktaduai 2.3 a kizang hi. Hih suangte khoi apat a laah uh ahi diai? Huleh huh hunlaia bangtobang vanzat zang hi diing ahi viai?

Huchi ahihleh hih pyramidte koi bawl ahiai? Vaangam tampi leh hagau mun a um chih i heetsiam va ahihleh hih dotna baihlamtahin a dawn theih hi. Siamchiilbu kithuhilhna ah a kimzaw in a kisoi hi. Tuin, Adam chu, a thumanlouh jiaha Eden Huan apat nohdoh ahih nung in, Huan ah koi a teeng ei?

Siamchiilbu 3:16 ah, Pathian in Evi in sual a bawl nung hichiin A hilh hi, "Na gimna leh na taneihna nasatahin ka supung diinga; gimtahin ta na hingkhe diing." 'Supung' kichi umzia chu nauneihna ah natna neukhat a um huleh hikhu chu nasataha behlap ahi diing hi. Huleh, Siamchiilbu 1:28 in Adam leh Evi 'suhpung' a chih umzia chu Evi in Eden Huan a, a ten laiun nau a nei chihna ahi.

Hujiahin, Adam leh Evi te'n Eden Huan a, a nau neihzah uh simseenglouh ahi. Huleh, Adam leh Evi te a sualna jiah va nohdoh ahih nung un zong amaute a teeng nalai uhi. Hikhu chu Adam sual masang in, Eden Huan a mite chu Leitung ah zalentahin a khualzin thei va, hizongleh Adam a kinohdoh nung in daan a kisiam hi.

Vaangam khatna leh vaangam nihna kikal a hun leh mun chih tungtaang a kibang sih mahmah hi. Vaangam nihna ah hun paizing a um hi, hizongleh vaangam khatna, i tenna uh khovel, a bangin tawpna nei in a um sih hi. Eden Huan ah, koimah a teeh a, ahihlouhleh a si sih hi. Bangmah a beimang ahihlouhleh um nawnlou in a um sih hi. Hun sawtpi nung nasan in zong, Eden Huan a mite'n hun tungtaang ah bangmah a phawh talo sih uhi. Hun pai lou a teeng bangin a kingai uhi. Huleh Eden a munawng chu tawp neilou ahi.

Vaangam khatna a mite a sih louh va ahihleh, nikhat ni chiangin mihing in a dim diing hi. Hizongleh vaangam nihna chu munawng phaahtawp neilou ahihjiahin, mihing bangzah piangkhe zongleh mihing in a dim ngei sih diing hi.

Vaangam thumna

Vaangam dang hagaulam lalgam a um a um hi. Hikhu chu vaangam thumna, vaan lalgam umna mun ahi. Hikhu chu Pathian ta hutdam a umte kumtuang a, a umna diing mun uh ahi. Sawltaah Paul in Lalpa apat in kilaahna leh meengmuhna chiangtah a dong a, huleh hichiin 2 Korinthete 12:2-4 ah a chi hi, "Kum sawm leh li ahita, Khrist-a um mi khat ka he a - sapumin ahiai a um ka he sih; sapumlouin ahiai a um ka he sih; Pathian in a he hi - huchibang mi khat chu vaan thumna tanah laahtouhin a um a. Huleh huchibang mi khat chu ka he a, - sapumin ahiai, sapumlouin ahiai a um ka he sih; Pathian in a he hi - Amah chu paradis ah laahtouhin a um a, mihing diinga soi sianglou, soiguallouh thu ava ja hi."

Gam chih a diingin khopilian leh khopi neu dangte leh khopi neuzawte a um mahbangin, vaangam Jerusalem Thah, Pathian laltouphah umna apat, Paradise vaan lalgam polam banga kingaihtuah tanpha, tenna mun tampi a um hi. I tenna munte uh chu Pathian bangzahta a lungsiat i hiviai chih leh thudih lungtang i chituh va huleh hih leitung a Pathian lim mangsa i muhdohna chiangchiang vah a chituam chiat diing hi.

Vaangam thumna in vaangam nihna sangin hun leh mun phaahtawpneihna a nei tawmzaw hi. Kumtuang hun leh phaahtawp umlou munawng a nei hi. Mihingte, vaangam khatna a teengte a diingin, vaan lalgam mun leh hun umdan heetsiam a hahsa hi. Muutpuaah ki ngaihtuah diing uhi. Na muutpuaah ma in, muutpuaah in luahna mun letdan leh zaaudan a neu mahmah hi. A sunga huih kithun zah a kinga in ahung kiheng nasa mahmah hi. Vaan lalgam a munawng zong hutobang ahi. Hih leitunga inn i bawl chiangun, gam neukhat i nei va, huleh hutaha munawng um chu phaahtawp nei ahi. Hizongleh vaangam thumna a munawng um ah, hih leitung a te sangin chituam mahmah in a bawl theih hi ajiahchu mun, zaudan, saudan, ahihlouhleh sandan hih leitung ate peel lam daih a, ahi.

Vaangam lina, Pathian tenna munawng

Vaangam lina chu Pathian a bul masang a, vaangam tampi a vaannuai zousiah vaangam tuamtuam a, A khen masanga hagaulam munawng bulpi ahi. Vaangam lina ah, hun leh mun ngaihtuahna zat umze bei ahi. Vaangam lina in hun leh mun ngaihtuah chinteng a peel a, huleh huh mun ah Pathian in A lunggulh chinteng chu kintaha bawldohpah ahi diing hi.

A thoukiit Lalpa chu A nungjuite Judate lau a um huleh kot tengteng kikhaahkhum a inn sunga kibute kawmah A kilaah hi (Johan 20:19-29). Koimah Amah kot ana hon louh himahleh inn laitaha ahung kilang hi. Galili a um A nungjuite kawmah ahung kilang thut a huleh amahuh toh A nekhawm hi (Johan 21:1-14). Amah hih leitung ah ni sawmli a um a huleh Vaangam mi tampi muh in meiluam kalah A kaltou hi. Jesu Khrist thoukiitta in tahsalam mun leh hun A peel chih i mu thei uhi.

Huchi ahihleh, Pathian a tuunga A umna vaangam lina ah sil bangchiin a umta phet diai? Vaah Awging tuunkhawm a, A um laiin vaannuai a munawng zousiah Amah a, a kingah a huleh vai A hawm bangmahin, vaangam khatna, vaangam nihna, huleh vaangam thumna tung zousiah ah, vaangam lina um in vai A hawm hi.

Siamtu Pathian, Bangkimbawlthei

Hih khovel mihingte tenna chu vaangam dang zautah limdangtahte toh teh in a hal neukhat chauh ahi. Leitung ah, mihingte'n gentheihna leh hahsatna chi chinteng paltou in hinkhua nuamzaw a hin tum in a hih theih bangbang uh a bawl uhi. Amahuh diingin leitung a silte chu ahi bialbual in huleh buaihuai mahmah a, hizongleh Pathian a diingin bangmah buaihuai a um sih hi.

Etsahna in mikhat khovel a mehsite a en hi. Khatveive mehsite'n an puaah hahsa a sa mahmah uhi. Hizongleh mihing in baihlamtahin mehsite inna a koihsah thei hi. Mehsi in daaltu lianpi a tuaah a ahihleh, mihing in a khut a la in a lehlam a leilaha a koih thei hi. Bangchitana mehsi a diinga buaina hahsa hitazongleh, mihing a diingin hichu sil neutakhat ahi. Huchi mahbangin, Pathian bangkimbawlthei panpihna toh, bangmah buaina a um thei sih hi.

Thuhun Lui in Pathian silbangkimbawltheihna tampivei a heetpih hi. Pathian bangkim bawltheihna to, Tuipi San a kiphelsuah a huleh Jordan Lui a leet lai chu a khawl hi. Nisa leh hapi a khawl a, huleh Mosi in suang a chianga a sut leh, tui ahung kikapdoh hi. Mihing in bangchituha silbawltheihna leh hauhsatna leh heetna nei mahleh, tuipi a phelsuah in, ni leh ha khawlsah thei ei? Hizongleh Jesu'n Mark 10:27 ah, "Hikhu mihing toh ahi thei sih a, hizongleh Pathian diingin ahi sih hi; ajiahchu Pathian a diingin bangkim ahi thei veh hi."

Thuhun Thah in damloute leh gualphaloute suhdamna leh a buching a siamna dinmun tampi a soi a huleh Pathian silbawltheihna jala misi hin kiitna nasan a soi hi. Rumal ahihlouhleh puansilhte Paul in a khoihkhate chu damloute kawma tawi ahih chiangin, natnate in a nusia a huleh hagau giloute a paimang hi.

Pathian Bangkimbawlthei in mihing phaahtawpna A peel hi.

Tuni nasan in zong, Pathian silbawltheihna panpihna i tan

uleh, bangmah a buai a um sih diing hi. Buaina hahsapen a kilang zong buaina ahi nawn sih diing hi. Huleh hikhu chu ka thunatohna kouhtuam ah kalteng a chet in a um hi. Biahna kikhopna Pathian Thu ngaikhia a huleh suhdamna diing haamteina donga gingtute a um laiun, natna suhdam theihlouh tampi AIDS telin suhdam in a um hi.

South Korea chauh hilouin hizongleh khovel kimah mi simseenglouhte'n Bible a kigial suhdamna natoh limdangtah tampi a tuaah uhi. Hutobang natohnate chu khatvei CNN ah taahlat in a um hi. Hubanah, pastor huhtu ka haamteikhumsa rumal toh haamtei zong ka nei uhi. Hutobang haamteinate tungtawn in, tunglam suhdamna natoh limdangtah namchin leh tawndan chin peel in a tung hi.

Kei a diingin zong, Siamtu Pathian toh ka kituaah nung un ka hinkhua a buaina tengteng suhveng ahi. "Natnate kizuahna munpi' chiha minloh a ka um laiin natna tampite'n ahung tuam hi. Insung ah lungkimna a um sih hi. Kinepna bangmah ka nei sih hi. Hizongleh biahinn a khupdin a ka um toh kiton in ka natna zousiah apat suhdam in ka um hi. Pathian in ka leiba zousiah dit theihna diingin ahung gualzawl hi. Hikhu chu a lian mahmah a huchiin ka damsung teng a ditzoh diing ahi sih hi, hizongleh ha tamlou sungin ka ditzou hi. Ka insungmite'n kipaahna leh nuamna a mu kiit hi. Hiteng teng tungah Pathian in pastor diingin ahung kou a huleh hagau tampi hundam diingin A silbawltheihna ahung pia hi.

Tuni in mi tampite'n Pathian a gingta uh a chi uhi, hizongleh ginna dihtah toh hing mi tawmcha a um uhi. Buaina a neih va ahihleh, tampite Pathian a kingah sangin mihing ah a kinga zaw uhi. Amahuh lemheetna toh a buainate uh suhveng ahihlouh chiangin a lungkia un huleh a mangbang uhi. A damlouh va ahihleh, Pathian lam a en sih va, hizongleh damdawi inn a daktorte ah a kinga uhi. A sumhawlna va hahsatna a tuaah uleh, mun tengah panpihna a hawl ui.

Gingtu khenkhatte'n tahsalam hahsatna jiahin Pathian tungah a phunchiah va ahihlouhleh a ginna uh a bah hi. Soisat a um va ahihlouhleh dihtattaha hin jiah taan diing nei a, a kiheet va ahihleh a ginna vah ahung lawng va huleh a dimna uh mansuah uhi. Ahihvangin, Pathian in vaante zousiah A siam a huleh Ama'n bangkim A bawl thei chih a gintaat uleh, hutobang in a um sih diing uhi.

Pathian in mihingte sunglama kahiang zousiah A siam hi. Pathian in A suhdam theihlouh natna huaisia a um eimah? Pathian in, "Dangka Keia huleh sana Keia ahi," A chi hi (Haggai 2:8). Pathian in A tate hausa in A siam thei sih eimah? Pathian in silbangkim A bawl thei a, hizongleh mihingte'n Pathian Bangkimbawltheipa a muan louh jiahun a lungkia va huleh a lunglel va huleh thutah apat in a peetmang uhi. Mikhat in bangtobang buaina nei zongleh, a lungtang a Pathian a muan a huleh Amah a, a kingah tahzet leh bangchihlaipouhin a suveng thei hi.

Siamtu Pathian bangkimbawltheih toh kimuhna diing

Sepaih houtu Naaman tangthu 2 Kumpipate Bung 5 a kimu in Pathian Bangkimbawlthei apat a i buainate uh dawnna muh diingdan ahung hilh hi. Naaman chu Aram sepaih houtulian ahi, hizongleh a phaahna toh kisai bangmah a bawl thei sih hi.

Nikhat Hebrai suaah naupang apat in Pathian silbawltheihna Israel zawlnei Elisha in a latsah tungtaang a za hi. Amah chu Jentel mi Pathian a gingta lou ahi, hizongleh numei naupangnu thusoi a nelhsiah sih hi ajiahchu ama'n lungtang hoih a nei hi. Elisha, Pathian mipa, toh kimuhna diingin sillat manphatah a tawi a, huleh khual gamlapi zin diingin a kipankhia hi.

Hizongleh Elisha inn ahung tuntahin, zawlnei in ana

haamteisah sih a huleh ana kipaahpih sih hi. Zawlnei in a bawl chu Jordan Lui a sagihvei va kidiah diinga thu va piaahsah ahi. A tuungin nuammoh a sa a, hizongleh hun sawtllou nung a lungsim a heng a huleh thu a mang hi. Elisha natoh ahihlouhleh a thusoi in a ngaihtuahdan ah umzia nei sih mahleh, a muang in huleh a thumang hi ajiahchu Pathian zawlnei Pathian silbawltheihna toh natongtu khat in a soi ahihjiahin.

Naaman Jordan a sagihvei a kidiah chiangin, a phaahna chu limdangtahin huleh a bawna suhdam in ahung um hi. Hitahah, Jordan a va kidiah chih umzia bang ahiai? Tui chu Pathian Thu ahi. Hikhu umzia chu mikhat sualna chu Pathian Thu toh a lungtang a sil niinte silsiang ahihchiangin ngaihdam theih ahi, a sapum tui toh a silsiang bangin. Nambar sagih chu bukimna ahih jiahin, sagihvei va kidiah in amah chu a bukim a ngaihdam ahi chih a lah hi.

A kihilhchiansa mahbangin, ei mihingte'n Pathian bangkimbawlthei apat dawnna i muhna diingun, i sualnate uh ngaihdamna tungtawn a Pathian leh eite kikal a kihouna lampi a kihon zing diing ahi. Hichiin Isaiah 59:1-2 in a chi hi, "Ngai in, LALPA khut chu hundam thei lou diingin suhtomin a um siha; a bil zong ja thei lou diingin a ngong saam sih hi. Hizongleh na thulimlouhnate uh nanguh leh Pathian kaala kiain ahung sukhena, huleh ahung jaah theih louhna diingin na sualnate un a maai a liahsah hi."

Pathian i heetlouh va huleh Jesu Khrist i pom louh uleh, Jesu Khrist i pom nailouh uh i kisiih diing uh ahi (Johan 16:9). Pathian in eite chu i sanggamte i huat va ahihleh tualthatte ahung chi hi (1 Johan 3:15), huleh i sanggamte uh i lungsiat louh jiahun i kisiih diing uh ahi. Jakob 4:2-3 in hichiin a chi hi, "Na lungguhlva, na nei tuan sih uhi; tual na thatva, na deihgohva, na nei zou tuan sih uh; na kidouva, gaal na bawl uh, nanei diaah sih uh, na nget louh jiahun. Na ngeenva, na nget dih louh jiahun na mu sih uh, na nopsahna diing va jat na tup jiahun." Hujiahin, duhamna toh haamteina huleh ginlelhna toh haamteina apat i kisiih diing uh ahi (Jakob 1:6-7).

Furthermore, Pathian Thu chu ginna i nei i chih laia zong i juih louh leh, i kisiih diing uh ahi. Poi kasa mahmah chih mei diing ahi sih hi. Naptui luang kawma mittui pawt a i lungtang uh i bohkeeh diing uh ahi. I kisiihna uh chu Pathian Thu dungjuia i hin sawm va huleh a tahtah a i juih sawm tahtah chiangun kisiihna dihtah a kichi thei pan hi.

Daanpiaahkiitbu 32:39 in hichiin a chi hi, "Tuin ngaiun, Kei, Kei ngeei chu Amah ka hi, Kei toh pathian hikhawm dang a um sih: Ka sulum a, Ka suhing thei; Ka suna a, Ka sudam thei; Ka khut akipana hundoh thei koima a um sih hi." Hikhu i gintaatpa uh Pathian ahi.

Pathian in vaan zousiah leh a sungs sil zousiah A siam hi. I dinmun zousiah uh A he veh hi. Amah chu i haamteina zousiah dawng thei veh diinga silbawltheitah ahi. Mihingte diinga dinmun chu bangchituha lunglelhhuai ahihlouhleh lungkiathuai himahleh, sum lehlep bangin silbangkim chu A lehhei veh thei hi. Hujiahin, Pathian chauh a kinga diinga ginna dihtah neihna jala haamteina leh lungtang deihzawng dawnna na muh ka kinem hi.

Dr. Vitaliy Fishberg (New York City, United States)

Sillimdang tunna munah

Moldova medical school apat ka zilna ka zoh ma in, medical tanchinbu, 'Your Family Doctor,' Maldova, Ukraine, Russia, huleh Belarus, a diinga minthang mahmah, a endihtu lianpen ka hi. 1997 kum in, USA ah ka pem hi. Naturopathic Medicine ah doctorate ka bawl a, Clinical Nutrition leh Integrative Medicine ah PHD, Alternative Medicine ah Doctorate, Orthomolecular Medicine ah Doctorate huleh Natural Health Science ah honorary Doctorate ka hi. Ka zilna zoha New York a ka hung chiangin, Russia mite laha ka hung minthang mahmah a huleh ka thugelhte kal tengin tanchinbu tampi in a suahkhia uhi. 2006 kum in, Madison Square Garden ah Khristian kikhopna lianpi a um diing chih kana za hi. Manmin kouhtuam palaite khat ka mukha a, huleh amahuh tungtawn in Hagau Siangthou silbawltheihna ka phawh hi. Kal nih zoh in chialpina ah ka va tel hi.

Rev. Dr. Jaerock Lee in Jesu chu i Hundampa uh ahihna jiah a soi zohin kikhawmte a diingin a haamteisah hi. "Lalpa, amahuh sudam in! Pa, Pathian, ka thusoi a dihlou ahihleh, tuzaan silbawltheitah natohna bangmah bawldah ning! Hizongleh a dih ahihleh, hagau tampite'n Pathian hing chetna mu uheh. Keengbaite pai uhen!

Khoza theiloute'n za uheh! Suhdamtheihlouh natnate zousiah chu, Hagau Siangthou meikuang in kaangtum veh henla huleh chidam uheh!"

Hutobang haamteina ka zaah chiangin ka kiguih hi. Tunglam suhdam tung sih leh bang chi di? Bangchidana hutobanga kimuangtaha haamtei thei ahiai? Hizongleh damloute diinga haamteisahna beima nasan in zong sillimdangte a tungta hi. Hagau giloute jiaha gentheite hahdoh in a um hi. Haamtheiloute ahung haamdoh uhi. Mittawte'n khua ahung mu uhi. Hujiahin mi tampite'n khozaahna buaina apat suhdam ahihdan uh a soi uhi. Mi tampi kitawlna touphah apat ahung dingdoh va huleh a chiangpuhte uh a paihmang uhi. Khenkhatte'n AIDS natna apat suhdam ahihdan uh a soi uhi.

Chialpi ahung paitouh jel toh kiton in, Pathian silbawltheihna chu thupizosem in ahung kilang hi. Doctors of World Christian Doctors Network, WCDN, gam tampi apat a hung paikhawmte'n, kiphuanna neihna diingin dohkaan ahung doh uhi. Damdawi lam ah kiphuanna a chet sawm va, huleh a tawpna lamah, suhdam ahihna uh kiphuang mite ana gelhluut thei daktor ahung kitasamta hi.

Nubia Cano, kum 54 a upa numei khat Queens a teeng chu huaahbuuh cancer natna vei ahihlam 2003 kum in a kimandoh hi. A taang thei sih a huleh pai zong a pai thei sih hi. Lupna tungah a hun teng a zang bei a huleh daahkal nih halah na thuaahnopna a kikap zing a ngai hi. Daktor in a pai kiit thei nawn sih diing chih ana hilh uhi.

"Rev. Dr. Jaerock Lee toh 2006 New York Crusade with Rev. Dr. Jaerock," kichi a, a lawinu toh a va tel uleh, mi tampi in Pathian suhdamna a tan uh a va mu a, huleh ginna ahung neipanta hi. Rev. Lee haamteina a don nung in, a sapum pumpi ahung lum in a he a huleh koiahakhat in a nungjang va meehsah in a he hi. A nunga na chu a paimang a huleh chialpina hun a kipat in, a paithei a huleh a kuun thei hi! A daktor chu amah a muhna ah limdangsa in a um hi – koimah a pai thei kiit nawn lou diing – a pangai banga hung

WCDN a damdawi lama doctorte'n kiphuannate a chetna uh

zangkhaitaha pai. Merengue chih kaih in ahung laam thei zomah hi. Maximillia Rodriguez Brooklyn a teeng in khomuhna chautah a nei hi. Mitbelh kum s14 ana bulh a huleh mitphawh chu kum 2 ana bulhta hi. Chialpi ni tawpni in, ginna jalin Dr. Jaerock Lee haamteina a dong a huleh thakhat in mitphawh butlou in khua a muthei chih ahung kintahin ahung hedoh hi. Tuni in mitphawh bei in a Bible a lehkha kisun neupen nasan a sim theita hi. A mitlam dakotorpa, a khomuhna chu nialguallouh a hung hoih deuhdeuh chih ahung heetdoh a huleh ahung chet zoh chiangin, a silmuh ah limdangsahna ahung nei hi.

Madison Square Garden, July 2006 a chialpi umna, chu tahzet in silmahte umna ahi. A silbawlna in ahung heng a huleh hinkhua paidan ahung musah hi. Damdawi lama Pathian suhdamna natohte chetna bawltu diinga vanzat hi diing leh khovel pumpi a hesah diingin ka lungsim ah thupuuhna ka bawlta hi.

- *Extraordinary Things* apat kiladoh-

Bung 3 Pathian a Mithumte

> I gintaat uh Pathian chu Pathian khat ahi.
> Hizongleh Amah ah mi thum A nei hi:
> Pa, Tapa, huleh Hagau Siangthou.

Mihing chituhna diinga Pathian silphatuambawlsah
Pathian a Mithumte umdan leh kilepdan
Pathian a Mithumte natohte
Tapa Jesu in hutdamna lampi A hong
Hagau Siangthou in hutdamna A subuching
Hagau sumit sin
Pa Pathian, mihing chituhna Vaisaitu
Pathian a Mithumte'n hutdamna silphatuambawl A subuching uh
Pathian a Mithumte leh Hagau Siangthou natoh nialna

"Hujiahin, chiah unla huleh gam zousiah ah nungjuitu va siam un, Pa leh Tapa leh Hagau Siangthou min in baptis un."

(Matthai 28:19)

Pathian a Mithumte kichi umzia chu Pa Pathian, Tapa Pathian, huleh Hagau Siangthou Pathian khat ahi uh chihna ahi. I gintaat uh Pathian chu Pathian chu Pathian khat ahi. Hizongleh Amahin Amah ah Mi Thum A nei hi: Pa, Tapa, huleh Hagau Siangthou. Huleh huchia, khat ahihjiahun, "Mithum Pathian' ahihlouhleh, Pathian a Mithumte' i chi uhi.

Hikhu chu Khristian sahkhua a diinga thugin poimoh mahmah ahi, hizongleh koimah hikhu toh kisai feltah leh bukimtaha hilhchian thei a um sih hi. Hikhu jiah chu mihingte, ngaihtuahna leh ngaihdan bukimlou neite a diingin, Siamtu Pathian kipatna heetsiam a hahsa hi. Hizongleh Pathian a Mithumte i heetsiamna chiangchiang vah, A lungtang i hesiam thei va huleh chiangzosem in gualzawlna leh Amah toh kihoumat a i haamteina uh dawnnate i mu diing uhi.

Mihing chituhna diinga Pathian silphatuambawlsah

Pathian in Pawtdohbu 3:14 ah, "KA HIH CHU KA HI," A chi hi. Koimahin Amah a piangsah ahihlouhleh a siam sih hi. A chiil apat in A um mei hi. Amah chu mihingte heetsiamna ahihlouhleh ngaihtuahna peel ahi a, Ama'n a bul ahihlouhleh tawp a nei sih hi. Amah a tuung apat kumtuang kipat masang kumtuang kumtuang in a um hi. A tunga kihilhchian mahbangin, Pathian chu Vaah bangin awging toh munawng zautah ah A tangin A um hi (Johan 1:1; 1 Johan 1:5). Hizongleh hun sunga mun khat ah Ama'n lungsiatna A kikoppih diing koiahakhat A deih a, huleh ta dihtahte A neihna diingin mihing chituhna ana guanggalh hi.

Mihing chituhna a bawlna diingin, Pathian in munawng A khen masa hi. Hagaulam munawng leh tahsalam munawng mite tahsalam sapum a tenna diingun munawng A khen hi. Hukhu zoh in, Mithum Pathian bangin ahung um hi. Pathian bulpi chu Pa, Tapa, huleh Hagau Siangthou a mi thumte in ahung um hi. Bible in Tapa Pathian Jesu Khrist chu Pathian apat piang ahi a chi (Silbawlte 13:33), huleh Johan 15:26 and Galatiate 4:6 in Hagau Siangthou zong Pathian apat in A hung pawtdoh a chi hi. Mi hihna kiheng tobang in Tapa Jesu leh Hagau Siangthou Pa Pathian apat in ahung pawt hi. Hikhu chu mihing chituhna diingin a poimoh tahzet hi.

Tapa Jesu leh Hagau Siangthou chu Pathian siam silsiamte ahi sih uhi, hizongleh Amahuh Pathian bulpi ahi uhi. A bul ah khat ahi uhi, hizongleh mihing chituhna diingin Amahuh tum chiat in A hing uhi. A natohte uh a chituam a hizongleh Amahuh lungtang, ngaihtuahnate, huleh silbawltheihna ah khat ahi va, huleh hujiahin Amahuh chu Pathian a Mithumte ahi uh i chi uhi.

Pathian a Mithumte umdan leh kilepdan

Pa Pathian mahbangin, Tapa Pathian leh Hagau Siangthou te zong bangkimbawlthei ahi uhi. Huleh, Tapa Jesu leh Hagau Siangthou te'n Pathian ngaihtuah leh lunggulh A ngaihtuah un huleh A lunggulh uhi. A lehlamtahah, Pa Pathian in Tapa Jesu leh Hagau Siangthou nuamna leh natna A phawh uhi. Huleh huchi ahihvangin, Mi Thumte chu a tuamchiat umdan tum nei huleh A natohte uh zong a tuam chiat ahi.

A langkhat ah, Tapa Jesu in Pa Pathian toh lungtang kibang A nei a, hizongleh A pathianhihna chu A mihinghihna a haatzaw hi. Hujiahin, A pathianhihna zahumna leh dihtatna chu a langsarzaw hi. A lehlamah, Hagau Siangthou toh kisai in, A mihinghihna a haatzaw hi. A umdan nemtah, nunnemna, zahngaihna, huleh khotuahna chu a kilangsarzaw hi.

A kihilhchiansa bangin, Tapa Pathian leh Hagau Siangthou

Pathian te chu Pa Pathian toh bulpi kibang ahi va hizongleh umdan tuam hihna tum chiat nei ahi uhi. A natohte uh zong a kilepdan dungjuiin a tuam chiat hi. Pa Pathian banah Tapa Jesu Khrist ahi a huleh Hagau Siangthou chu Tapa banah ahi. Ama'n Tapa leh Pa chu lungsiatna toh A na uh A tohsah hi.

Pathian a Mithumte natohte

Mithumte a Mi Thum umte'n mihing chituhna a bawlkhawm uhi. Mi Thumte a mimal chih in A tanmun chu a bukim in A semdoh uhi, hizongleh Amahun khatveivei mihing chituhna ah hun poimohtah a na A semkhawm uhi.

Etsahna diingin, Siamchiilbu 1:26 in hichiin a chi hi, "Huin Pathian in hichiin A chi,' I lim un mihing I siam diing uh, Eimah bangin." Huleh, Pathian chu Babel Insang enkhe diinga ahung kumsuh laiin, Mi Thumte A kithuahkhawm uhi. Mite'n Babel Insang Pathian bat sawma a lam laiun, Pathian a Mithumte'n a haam uh A buaisah uhi.

Siamchiilbu 11:7 ah hichiin a kisoi hi, "Hungun, i chiah diing va, khat leh khat haam a kiheettuahlouhna diingun a haam uh i vasuhlamdang diing uh." Hitahah, 'I" kichi chu thusoitu soina ahi, huleh Pathian a Mi Thumte A pangkhawm uh chih i muthei uhi. A kisoisa bangin, Mi Thumte'n khatveivei khat bangin A tong va, hizongleh a dihtahin a tuam chiat A natoh uh A tong uhi huchia mihing chituhna Silsiamna apat mihingte hutdamna tandong a bukim ahihna diingin. Tuin, Mithumte a michih in bang natoh nei ahi viai?

Tapa Jesu in hutdamna lampi A hong

Tapa Jesu chu Hundampa hung hi diing leh misualte a diinga hutdamna lampi hong diing ahi. Adam in thumanlouhna a theigah Pathian in A phallouh ana neehta jiahin, sualna chu mihingte lahah ahung tung hi. Tuin, mihingte chu hutdamna poimoh in a um uhi.

Huleh kumtuang sihna, Meidiil meikuang ah, hagaulam lalgam daan dungjuiin sual man chu sihna ahi chi in, puuh diinga haamsiat in a umta uhi. Ahihvangin, Jesu, Pathian Tapa in misualte a diingin sihna man A pia hi huchia Meidiil a, A luut louhna diing un.

Tuin, Tapa Jesu mihing zousiah Hundampa ahung hih ngai ahiai? Gam chih in amah daan a kineih mahbangin, hagaulam lalgam in zong amah daan a kineih hi, huleh mi khat pouhpouh Hundampa ahung hi thei sih hi. Mikhat in hutdamna lampi chu chitna tengteng a neih chiang chauh in a hong thei hi. Huchi ahihleh, Hundampa hihna diing leh sualna jiaha sihna tang diinga haamsiat mihingte diinga hutdamna lampi honna diing chitna bang ahiai?

Khatna ah, Hundampa chu mihing ahih diing ahi. 1 Korinthete 15:21 in hichiin a chi hi, "Mikhat jiaha sihna ahung um jiahin, mikhat jalin misi thohkiitna zong a hung um hi." A kigial mahbangin, mihing Adam thumanlouhna jalin mihingte lahah sihna ahung tun jiahin, hutdamna chu Adam tobang mihing tungtawn a, a hung diing ahi.

Nihna, Hundampa chu Adam suan apat ahih diing ahi. Adam suante chu misualte sual bulpi a pulepate vapat a kilasawn toh piangkhawm veh ahi uhi. Adam suante koimah Hundampa ahung hi thei sih hi. Hizongleh Jesu chu Hagau Siangthou apat piang ahi a, huleh Amah chu Adam suan ahi sih hi. Nulepate apat a kilasawn sual bulpi A nei sih hi (Matthai 1:18-21).

Thumna ah, Hundampa in silbawltheihna A neih diing

ahi. Meelmapa dawimangpa apat misualte hutdohna diingin, Hundampa'n silbawltheihna A neih a, huleh hagaulam slbawltheihna chu sualna bei ahih diing ahi. Sual bulpi a neihlouh diing, huleh Pathian Thu a bukim a mangin sual bangmah A bawllouh diing ahi. Demna ahihlouhleh soiselna bangmah a neihlouh diing ahi.

A tawpna ah, Hundampa'n lungsiatna A neih diing ahi. Mikhat in a tunga chitna thumte nei mahleh, lungsiatna A neih louh a ahihleh midangte a diingin A si sih diing hi. Huchiin, mihingte hutdam ahi sih diing uhi. Hujiahin, Hundampa in misual mihingte luanga sihna gawtna po diingin lungsiatna A neih diing ahi.

'The Passion of the Christ' kichi cinema in Jesu gimthuaahna hoihtahin a langsah hi. Jesu chu jep in a um a huleh A tahsa chu a keehzaah hi. A khut leh keeng ah kilhbeh ahi a huleh A lu ah ling A khuh hi. Kross ah khai in A um a huleh A haih nunungpen ah, A naah ah sut in A um a huleh tui leh sisan zousiah A luangkhia hi. Hutobang gimthuaahna zousiah i chitlouhnate, sualnate, natnate, huleh haatlouhnate zousiah apat ahung hutdohna diingin A puaah hi.

Adam sualna jiahin, mihing koimah in chitna lite a nei sih hi. A pipen ah, Adam suante'n sual bulpi a lasawn va, chih a pian un a pulepate vapat in pianken sualna a nei uhi. Huleh Pathian daan toh kituaah a hing koimah a um sih a huleh a sual lou mawngmawng koimah a um sih uhi. Bat nei pumpum in koimah in midang bat a piaahsah thei sih hi. Huchi mahbangin, misualte'n sualna bulpi nei a huleh mahni a sual bawl in misualte, mihing dangte, a hundam thei sih hi. Hikhu jiahin Pathian in hun kipat masangin thuguuh kiphual, chihchu Jesu Pathian Tapa ana guanggalh hi.

Jesu'n Hundamna chitna zousiah A nei hi. Amah chu mihing tahsa toh lei ah ahung piang a, hizongleh pasal leh numei chi apat pai ahi sih hi. Siangthou Mari chu Hagau Siangthou jalin in naungeeh toh a um hi. Hujiahin Jesu chu Adam suan ahi sih a huleh sual bulpi neilou ahi. Huleh A hinkhua zousiah ah Daan A juikim a huleh mimal sual A bawl keei sih hi.

Hih bukimtaha chin Jesu chu misualte a diinga kipumpiaahna lungsiatna toh kilhbeh in a um hi. Huleh huchiin, mihingte'n A sisan jalin a sualnate uh ngaihdam hihna diing a tang hi. Jesu Hundampa ana hilou hileh, mihingte zousiah Adam apat in Meidiil ah a luut veh diing uhi. Huleh, michih Meidiil ah luutta leh uh, mihing chituhna siltup a taangtun sih diing. Hikhu umzia chu koimah vaan lalgam a luut thei sih diinga huleh huchiin Pathian in ta dihtahte koimah A nei sih diing hi.

Hujiahin Pathian in Tapa Jesu Hundampa natoh tong diing chu, mihing chituhna siltup subuching diingin ana guanggalh hi. Koipouh Jesu, sualna neilou keei kross a ei a diinga si gingta chu, a sualnate ngaihdam ahi thei diinga huleh Pathian ta hihna diing hihna a tang hi.

Hagau Siangthou in hutdamna a subuching

A banah, Hagau Siangthou tanvou chu Tapa Jesu tungtawn a, a muh uh hutdamna suhbuchingna diing ahi. Hikhu chub naungeeh piangtuung don leh khoilian nu tobang ahi. Hagau Siangthou in Lalpa pomte lungtang ah ginna A chituh a huleh vaan lalgam a tun masiah uh A makaih hi. Ama'n Amah na a toh chiangin hagau simseenglouhte a khenzaah hi. Hagau Siangthou hihna bulpi chu munkhat ah a um a, hizongleh hagau simseenglouhte lungtang leh silbawltheihna kibang toh khovel a mun khatpouh ah a hun kibang in natong diingin Amah apat in

A hawmzaah hi.

A dihtahin, Pa leh Tapa in Hagau Siangthou a mahbangin hagau simseenglouhte A hawmzaa uhi. Jesu'n Matthai 18:20 ah hichiin A chi hi, "Ka min a nih leh thum na kikhopna mun va, Kei zong na lahvah Ka um hi." Jesu'n Amah hihna bulpi apat in hagau tampite A hawm thei chih i hesiam uhi. Lalpa Jesu chu gingtute Amah min a kikhopna mun zousiah ah Amah hihna bulpi toh A kawmvah a um thei sih hi. Huchi ahih sangin, A hagau kihawmzaah toh munchih ah a paithei a huleh amahuh toh a umden hi.

Hagau Siangthou in nu in a ta ngeeh a etkol bangin duattah leh lungsiattahin gingtu chih A puihuai hi. Mite'n Lalpa a pom chiangun, hagaute chu Hagau Siangthou apat in a lungtang vah ahung luut hi. Mi bangchituha tam in Lalpa pom mahleh, Hagau Siangthou hagau kihawmzaahte chu a bawn va a lungtang uh sungah ahung luut va huleh hutahah a teeng uhi. Hikhu a tun chiangin, 'Hagau Siangthou a tang uh' i chi uhi. Hagau Siangthou gingtute lungtang a teeng in hutdamna diinga hagaulam ginna nei diingin A panpih uhi, huleh Ama'n a ginna uh chu a bukim a hung khang diingin mimal a goih houtu bangin A zilsah hi.

Ama'n gingtute chu kuhkaltaha Pathian Thu zildoh a, Thu dungjuia a lungtang uh hengsah a, huleh hagaulam a khangtoujel diingin A mapui hi. Pathian Thu dungjjuiin, gingtute'n lungthah baihna chu nunnemna, huleh huatna chu lungsiatna in a kihensah uh a ngai hi. Hun paisa a enna ahihlouhleh thangsiatna nana neih leh, tuin thutaha midangte lohchinna ah na kipaah diing ahi. Na kiuahsahleh, tuin na kingaingiam diinga huleh midangte na natohsah diing hi.

Hun paisa a nangmah lawhna nana hawl leh, tuin sih tanpha a nangmah na kipiaahdoh diing hi. Na tunga sil gilou hung bawlte, a tungva siatna na bawl louh a hizongleh a lungtang uh hoihna toh na khoih diing ahi.

Hagau sumit sin

Lalpa na pom zoh a huleh kum tampi gingtu na hih zoh nung nasan in, ginglou na hih lai mahbanga thudihlou a na um nalai lai leh, Hagau Siangthou na sungah a mau nasa mahmah nalai diing hi. A jiah beia i thuaah chiang va i lungthah pahpah uleh, ahihlouhleh Khrist a sanggamte tunga thukhenna leh mohpaihna i neih va huleh a dihlouhna uh i taahlat uleh, i sualna luang va hung si Lalpa mai ah i lu uh i phong ngam sih diing uhi.

Etsahna in kouhtuam a hihna deacon ahihlouhleh upa na neih a, hizongleh midangte toh kilem a i um louh va ahihlouhleh midangte tunga hahsatna i tut uleh, ahihlouhleh mahni kidihsah a i puuhsahtu hi. Huchiangin, Hagau Siangthou na sunga um a dah mahmah diing hi. Lalpa pom leh piangthah i hihtaah jiahun, gilou leh sual chi chinteng i paihmang va huleh a ni a ni a i ginna uh i khansah diing uh ahi.

Lalpa pom nung nasan a, khovel sualnate a nah in a huleh sihna hung tut sualna na bawl leh, Hagau Siangthou in a tawp chiangin ahung nuse diinga, huleh na min chu hinna lehkhabu apat in nuaimang ahi diing hi. Pawtdohbu 32:33 in hichiin a chi hi, "LALPA'N Mosi kawmah hichiin a chi hi, 'Kei dou sual photmah, Ka lehkhabu apat in Ka nuaimang diing hi.'"

Thupuandoh 3:5 in hichin a chi hi, "A gualzoupa chu huchimahin puanvaam silhsah ahi diinga; huleh a min chu hinna lehkhabu a'pat ka nawtmang sih diing, hizongleh ka Pa ma leh, a angelte ma ah a min ka gum diing hi." Hih changte in hichiin ahung hilh hi, Hagau Siangthou i tan va huleh i min uh hinna lehkhabu a, a kigelh nung nasan in zong, a kinuaimang diing hi.

Huleh 1 Thessalonikate 5:19 n hichiin a chi hi, "Hagau

sumit sih un." A kisoisa bangin, hutdam na hih a huleh Hagau Siangthou na tan nung in, Hagau Siangthou a mit diing hi.

Hagau Siangthou gingtu chih lungtang ah a teeng a huleh thudih toh heetsiamna neisah zing in huleh Pathian Thu dungjuia hing zing diinga sawlna tungtawn a hutdamna sumang lou diingin A mapui hi. Sualna leh dihtatna toh kisai ahung hilh laiin Pathian chu Siamtu ahihndan, Jesu Khrist i hundamna ahihdan, Vaangam leh Meidiil a um a, huleh Vaihawmna a um diing chih ahung hesah hi.

Hagau Siangthou in ei a diingin Pa Pathian kawmah ahung ngetsah hi Romte 8:26 a kigial bangin, "Hutobangmahin, Hagauin i haatlouhnate a panpih jel hi; ajiahchu bangchi banga haamtei diing i hiai chih i he sih a; hizongleh Hagauin thuumna soi guallouhin ahung ngetsah zing hi." Pathian tate'n sual a bawl chiangun A dah mahmah a, huleh kisiih diing leh a lampite uh heng diingin A panpih hi.

Huleh Hagau Siangthou thopna leh dimna A leihbuaah a huleh silpiaah tuamtuamte A pia hi huchia sual chi chinteng a paihmang theih va huleh Pathian natohte a tuaahkha hi. Eite Pathian tate in hih Hagau Siangthou natohte diinga i nget va huleh sil thuuhzote a lunggulh diing uh ahi.

Pa Pathian, mihing chituhna Vaisaitu

Pa Pathian chu mihing chituhna sil kiguanggalh thupitah vaisaitu. Amah chu Siamtu, Vaihawmtu, huleh Ni Nunungpen a Vaihawmtu ahi. Tapa Pathian, Jesu Khrist, in mihing sualte hutdamna lampi A honsah hi. A tawpna ah, Hagau Siangthou Pathian in ginna dihtah nei diing leh hutdamna bukim nei diingin hutdam a umte A mapui hi. Soidan tuam in, Hagau Siangthou in gingtu chih kawma hutdamna kipia a subuching hi.

Pathian a Mithumte natoh chih chu ta dihtahte banga mihing chituhna silphatuam bawlsah tongdoh diingin slbawltheihna khat ah a gamta hi.

Ahihvangin, A natoh uh chih chu kilepdan dungjuiin khauhtahin a kikhen a, ahihvangin Mithumte chu kituaahtah semkhawm ahi uhi. Jesu leitunga A hung laiin, Pa deihzawng a bukim in A jui hi A deihna pel a pai het lou in. Hagau Siangthou chu Jesu leh A natohte panpih in A um hi, Jesu Siangthou Mari in a pai apat in. Jesu kross a, A kikhai laiin huleh natna A thuaah laiin, Pa leh Hagau Siangthou te'n a na ana thuaahpih uhi.

Huchi ahih mahbangin, Hagau Siangthou ahung maau a huleh hagaute a diinga A haamtei laiin, Lalpa leh Pa in na ana thuaah uhi. Pathian a Mithumte'n lungtang kibang leh deih kibangin hun khat ah sil A bawlkhawm va huleh Mi chih natohna ah lungsim khat nei in A um uhi. Soidan khat ah, Mithumte'n silbangkim Khat a Thum in A tongdoh uhi.

Pathian a Mithumte'n hutdamna silphatuambawl A subuching uh

Pathian a Mi Thumte'n mihing chituhna chu Khat a Thum bangin A subuching uhi. Hichiin 1 Johan 5:8 ah soi ahi, "Hagau leh tui leh sisan; huleh a bawn un a kithumun uhi." Tui in hitahah Pa Pathian Thu hi natohna a ensah hi. Sisan chu Lalpa kross a sisan luangsah natohna diingin a ding hi. Pathian a Mithumte Hagau, Tui, huleh Sisan a kithumun bangin natohna a nei hi, a gingta tate chu hutdam ahi diing uh chih phuankhiahna diingin.

Hujiahin, Pathian a Mithumte natoh chih i heetsiam mahmah va huleh Mi khat a Thumte laha khat chauh lama i awn diing uh ahi sih hi. Pathian a Mithumte laha Mi Thumte i pom va huleh i gintaat chiang chauhun, Pathian a ginna toh hutdam i hi diing va, huleh Pathian i he uh i chi thei diing uhi. I haamtei chiangun, Jesu Khrist min in i haamtei thei va, hizongleh Pa Pathian ahi ahung dawng, huleh Hagau Siangthou ahi dawnna i muhna diing va hung panpih.

Jesu'n zong Matthai 28:19 ah hichiin A soi hi, "Hujiahin chiah unla, nam china mi nungjui in siam unla, Pa leh Tapa leh. Hagau Siangthou minin baptis un," huleh sawltaah Paul in Pathian a Mithumte min in gingtute gualzawlna in 2 Korinthete 13:14 ah, "Lalpa Jesu Khrist khotuahna, huleh Pathian lungsiatna, huleh Hagau Siangthou kithuahpihna na bawn va tungah umta hen! a chi hi. Hujiahin, Pathianni jingkal kikhopnate, gualzawlnachu piaah ahi huchia Pathian tate'n Hundampa leh Lalpa Jesu Khrist khotuahna, Pa Pathian lungsiatna, huleh Hagau Siangthou a dimna a tan theihna diing un.

Pathian a Mithumte leh Hagau Siangthou natoh nialna

Pathian a Mithumte pomlou mi khenkhat a um uhi. Amahuh lahah Jehovah's Witnesses kichite a um uhi. Jesu Khrist pathian hihna a pom sih uhi. Hagau Siangthou mihihna zong a pom sih va, huleh huchiin amahuh paikhial a ngaih ahi uhi.

Bible in Jesu Khrist pom loua huleh amahuh siatna diinga kinohte paikhial a chi hi (2 Peter 2:1). Khristian sahkhua jui bangin a polam ah a kilang va hizongleh Pathian deihzawng a jui sih uhi. Hutdamna toh kisaikhaahna bangmah a nei sih va huleh ei gingtute chu heem a i louh diing ahi.

Hutobang paikhialte toh kibang louin, kouhtuam khenkhatte'n Pathian a Mithumte ginna phuangdoh mahleh uh Hagau Siangthou natohnate a nial uhi. Bible in Hagau Siangthou silpiaah tuamtuamte haam tuamte, soilawhna, tunglam suhdamna, kilaahnate, huleh meengmuhnate chihte a langsah hi. Huleh kouhtuam khenkhatte hih Hagau Siangthou natohte chu a dihlou silkhat hi in a khentan va ahihlouhleh Hagau Siangthou natohte a daal uhi, Pathian a gingta chiin kiphuang mah zongleh uh.

Hagau Siangthou silpiaah kilangsah kouhtuamte chu paikhial chiin a mohpaih uhi. Hikhu in Pathian tangtahin a dou a, huleh Hagau Siangthou soisiatna, suhmualphouna, ahihlouhleh daalna sual ngaihdam theihlouh a bawl uhi. Hih sualnate a bawl chiangun, kisiihna hagau a tungvah ahung tung sih a, huleh kisiih in zong a um thei sih uhi.

Huleh Pathian suaah khat ahihlouhleh Hagau Siangthou natohna toh kidim kouhtuam a simmoh ahihlouhleh mohpaih va ahihleh, hikhu chu Pathian a Mithumte mohpaihna huleh Pathian lang a ding toh kibang ahi. Pathian tate hutdam a umte leh Hagau Siangthou tangte'n Hagau Siangthou natohte a pelh diing uh ahi sih a, hizongleh a lehlamtahah, hutobang natohte a lunggulh diing uh ahi. A diahin, thunatongtute'n Hagau Siangthou natohte a tuaah chauh uh hilouin, hizongleh Hagau Siangthou natohte a bawl diing uh ahi huchia a belaamte uh hutobang natohte jala hinkhua kiningching a, a hin theihna diingun.

1 Korinthete 4:20 in hichiin a chi hi, "Pathian lalgam thu ah ahi sih a hizongleh silbawltheihna ah ahi." Thunatongtute'n a belaamte uh heetna ahihlouhleh paidan ngeina chauh toh a hilh uleh, hikhu umzia chu amahuh chu mittaw mittawte puitu ahi diing uhi. Thunatongtute'n a belaamte uh thudih dihtah a hilh va huleh Hagau Siangthou natohna bawlna jala Pathian hing chetna a tuaah diing uh ahi.

Tuni chu 'Hagau Siangthou Khang' bangin a kisoi hi. Hagau Siangthou puina lamkaihna nuaiah, gualzawlna kiningching leh Pathian a Mithumte mihingte chituhtu khotuahna i tang uhi.

Johan 14:16-17 in hichiin a soi hi, "Huleh Pa ka ngen diinga, ama'n nanguh Hamuantu dang ahung pe diing, na kawmva kumtuanga um diing in. 17 Thutah Hagau ngeei chu; khovel in amah anei thei sih, ajiahchu amah amu sihva, he zong ahe sih uh; ahihvangin nangun chu amah na he uh; ajiahchu na kawmvah a uma, na sungvah a um diing ahi."

Lalpa'n mihing hutdamna natohte A suhbuching a, A thohkiit a, huleh Vaan a, A kaltouh nung in, Hagau Siangthou in Lalpa chu mihing chituhna natohna a luahtou hi. Hagau Siangthou chu Lalpa pom gingtu chih toh A um a huleh hih gingtute gingtu chih lungtang a teeng thudih lamah A pui hi.

Hubanah, tuni a sualnate a um a huleh mial in khovel a tuam semsem laiin, Pathian chu lungtang a Amah hawltute, huleh Hagau Siangthou natoh meikuangte pedohte kawmah A kilang hi. Pa, Tapa, huleh Hagau Siangthou natohte a Pathian Ta dihtahte na hung hih va, huchia haamteina a na nget photmah silbangkim na hung tan va huleh hutdamna bukim na hung muh uh ka kinem hi.

Bible a Etsahnate Bible 1

Vaangam nihna chu vaangam khatna a, a kihon chianga siltungte

Vaangam khatna chu i tenna uh tahsalam munawng ahi.

Vaangam nihna ah vaah mun, Eden, huleh mial mun a um hi.

Vaangam thumna ah kumtuang a i tenna diing uh vaan lalgam a um hi.

Vaangam lina chu Pathian bulpi umna mun, Pathian a Mithumte umna diing liauliau khu ahi.

Hih 'vaangamte' chu khauhtahin a kikhen a, hizongleh munawng chih chu 'a kinaih' chiat ahi.

A poimoh chiangin, vaangam nihna kotkhaah tua i tenna mun uh vaangam khata mun ah a kihong hi.

Khatveivei, vaangam thumna mun ahihlouhleh vaangam lina mun a kihong meithei hi.

Hih vaangam khatna a vaangam nihna silte tunna muna a siltung tampi i mu uhi.

Vaangam nihna a kihon a huleh Eden Huan silte vaangam khatna a munawng a, ahung pawtdoh chiangin, vaangam khatna a teengte'n hutobang silte a khoih thei un huleh a mu thei uhi.

Sodam leh Gomorrah tunga Meikuang Vaihawmna

Siamchiilbu 19:24 in hichiin a chi hi, "LALPA'N Sodom leh Gomorrah tungah kaat A zusah a huleh vaan a kipat in LALPA'N meikuang A zusah hi." Hitahah, 'Vaan apat in LALPA a kipan' kichi umzia chu Pathian in vaangam nihna munawng kotkhaah A hong a huleh hutah apat in kaat leh meikuang hung sawlsuh hi. Hikhu chu Elijah in Jentel pathian siampute 850 dawnna meikuang hung kumsuh toh a maituah lai toh a kibang hi. 1 Kumpipate 18:37-38 hichiin a chi hi, "Aw Lalpa hung ngaikhia inla, hung jain, hi mite'n nangmah chu Lalpa Pathian na hia, huleh nangma'n a lungtang uh na kiheisah kiitta chih a heet theihna diing un, a chi a .Hutahin Lalpa mei ahung kia a, huleh haalmang kithoihna, sing, suangte, huleh leivui tanin a kaangtum a, huleh leikuaah a tui a liaahkangta hi." Vaangam nihna meikuang in vaangam khatna silte a halkuang thei tahtahi hi.

Suahlam mipil thumte puitu aahsi

Matthai 2:9 in hichiin a chi, "Amahun kumpipa thu ajaah johun akipankheta va; huleh ngaiin, suahlam a amuh uh aahsi chu naungeeh umna tung zawn atun a akhawl masiah amavah apai jel hi " Vaangam nihna aahsi ahung kilang a, huleh a kitawl a huleh a khawl jeljel hi. Suahlam mipilte'n a zotna uh a tun un, hutahah aahsi a khawl hi.

Hih aahsi chu vaangam khatna aahsi ahi, hikhu chu vaannuai a diinga sil khoihkhatah khat ana hi diinga, ajiahchu vaangam khatna a aahsite zousiah a kituaahtahin amah lampi chiat vah a pai uhi. Mipil thumte puitu aahsi chu vaangam khatna a umte laha khat ahi sih chih i hesiam thei uhi.

Pathian in vaangam nihna a aahsi A tawl a huchiin vaangam khatna a vaannuai ah suhkhaah a nei sih diing hi. Pathian in vaangam nihna munawng A hong a huchia suahlam mipilte'n aahsi a muhtheihna diingun.

Israelte tate kawmah Manna piaah ahi

Pawtdohbu 16:4 in hichiin a chi hi, "Huin Lalpa'n Mosi kawmah, 'Ngai in, nang u'diingin vaana kipanin tanghou ka jusah diinga; ka daana a um leh a umlouh uh ka je-et theihna diingin mipite chu a pawtdoh diingva, nichinin bangjah aha a tom veu diing uh.'"

'Vaan apat tanghou zusah,' diing A chih laiin, Pathian in manna chu Israel tate kawmah kum 40 gamdai a, a vaahvaih laiun ana piaah hi. Manna chu maruai tang tobang ahi a, huleh a meelpuaah chu bdellium tobang ahi. A tuidan chu sathau a kikang 'cake' tobang ahi. A kisoita mahbangin, Bible ah, vaangam khat a vaangam nihna munawng kotkhaah a kihong chianga siltung tampi kigial a um hi.

# Dihtatna

> Pathian dihtatna dihtaha i heetsiam va huleh hukhu dungjuia na i toh chiangun bangtobang buaina hitaleh i suveng thei va huleh haamteina gualzawlna leh dawnnate i tungsah thei uhi.

Pathian Dihtatna

Pathian in A dihtatna chu peellouin A kem hi.

Pathian dihtatna daan dungjuia gamtaang

Dihtatna lang nihte

Dihtatna ning sangzote

Ginna leh thumanna – dihtatna daan bulpite

"Ama'n na dihtatna chu vaah bangin ahung tungsah diinga huleh na thukhenna suunlai bangin."

(Psalm 37:6)

Mihing paidan bangtobang toh zong suhveng theihlouh buainate a um hi. Hizongleh Pathian in A lungtang a, A kingahsah leh heetlouhkalin a paimang thei hi.

Etsahna diingin, skul naupang neute'n hahsa a sah mahmah uh angka buaina chu, college kai naupangte a diingin bangmah ahi sih hi. Huchi ahih mahbangin, Pathian a diingin bangmah ahi theilou a um sih hi, ajiahchu Amah chu vaante zousiah a Gamoptu ahi.

Pathian bangkim bawlthei silbawlthei tuaahkhaahna diingin, Pathian apat dawnna muhna diingin lampite i heet va huleh i juih diing uh ahi. Buaina khat pouhpouh i suveng thei un huleh dawnna leh gualzawlna chu Pathian dihtatna dihtaha i heetsiam va i juih chiangun i tungsah thei uhi.

Pathian Dihtatna

Dihtatna in kichi Pathian in A guang daante a kawh hi, huleh huh daante kituaahtaha sepdoh ahihna ahi. A mawlzaw a koih in, hikhu chu 'a jiah leh a gah' chih paidan toh a kibang hi. Silkhat in silkhat a tunsahna daan a um hi.

Gingloute nasan in i tuh gah i aat uh a chi uhi. Korea thusoi hichi khat a um hi, "Be na tuh leh be na aat hi, huleh be san na tuhleh besan na aat hi." Hitobang daante a um jiahin, dihtatna daante chu Pathian thutah ah a khauh sem hi.

Bible in hichiin a chi hi, "Ngen in piaah in na um diing; huleh hawl in na mu diing; kiu in, huleh hon in na um diing," (Matthai 7:7). "Heem in um sih un; Pathian chu chiamnuih diing ahi sih; ajiahchu mi'n a tuh gah, hikhu mah a aat diing hi," (Galatiate 6:7). "Tuin hikhu Ka soi hi, tawmtakhat tuh in tawmtakhat a aat diinga, huleh kiningchintaha tuh in kiningchingtahin a aat diing" (2 Korinthete 9:6). Hite chu dihtatna daan etsahna tamloute ahi.

Huleh, sual man gawtna muh diing toh kisai daante a um hi. Romte 6:23 in hichiin a chi hi, "Sual man chu sihna ahi, hizongleh Pathian silthawnpiaah chu i Lalpa Khrist Jesu a kumtuang hinna ahi." Thupilte 16:18 in hiciin a chi hi, "Siatna masang ah kiletsahna a pai hi, huleh hagau kiuangsah chu sihna masang ah."

Hitobang daante banah, gingloute'n a heetsiam tahtah theihlouh uh daante zong a um hi. Etsahna diingin, Matthai 23:11 in hichiin a chi hi, "Hizongleh na lahva a lianpen chu na suaah uh ahih diing ahi." Matthai 10:39 in hichiin a chi hi, "Koipouh a hinna mu in a taan diinga, huleh Kei jala a hinna taan in hinna a mu diing hi. Silbawlte 20:35 nunglam in hichiin a chi hi, "Mutu hih sangin a petu hih a hoihzaw hi." A heetsiam uh soitaahlouh, gingloute'n hih daante chu a dihlou in a ngai nala uhi.

Hizongleh Pathian Thu chu a dihlou ngei sih a huleh a kiheng ngei sih hi. Thudih khovel in a chih uh chu hun pai jel toh kiton in a kiheng a, hizongleh Bible a Pathian thu kigelh, chihchu dihtatna daante, chu a kigelh bangbangin suhbuching in a um hi.

Hujiahin, Pathian dihtatna dihtaha i heetsiam theih va ahihleh, buaina khat pouhpouh a um chiangin a jiah i he thei diing va huleh i suveng thei diing uhi. Huchi mahbangin i lungtang deihzawng dawnnate i mu thei diing uhi. Bible in natna i neihna jiah uh, sumlam a buaina i neihna jiah uh, i innsung va muanna a umlouhna jiah, ahihlouhleh Pathian khotuahna i mansuah va huleh i puuhna jiah uh ahung hilhchian hi.

Bible a kigial dihtatna daante i heetsiam meimei va ahihleh, gualzawlna leh i haamteina dawnnate uh i mu thei uhi. Pathian in ginumtahin Amah mahin A tunding daante zousiah A kembit a, huleh hujiahin, hute dungjuia i gamtat va ahihleh, gualzawlna i tang un huleh buainate dawnna i mu ngeingei diing uhi.

Pathian in A dihtatna chu peellouin A kem hi

Pathian chu sil zousiah Siamtu leh Enkaitu ahi, huleh huchi ahihvangin, dihtatna daante A botse ngei sih hi. "Hu daante Ka bawl, hizongleh Ka kep a ngai sih," A chi ngei sih hi. Silbangkim ah dihtatna dungjuiin, bawlkhelh umlouin A tong hi.

Hikhu chu dihtatna daante dungjui chet a i sualnate vapat a ahung hutdohna diing ahi, huchia Pathan Tapa, Jesu, hih leitung a ahung kumsuh a huleh kross a ahung sih.

Khenkhatte'n hichiin a chi meithei uhi, "Bang jiaha Pathian in dawimangpa susia a michinteng hundam mei theilou ahiai?" Hizongleh hukhu A bawl ngei sih diing hi. Ama'n dihtatna daante A siam hi huchia a chiil apat a mihing chituhna silguan A bawl a huleh ahih ngeingei va A umsah toh kiton in. Hujiahin Ama'n hutobang a thupi kipumpiaahna A Tapa tang neihsun eite a diinga hutdamna lampi honna diingin A bawl hi.

Hujiahin, i muuh toh "Ka gingta!" chia phuan a biaahinn kai mei toh hutdam leh Vaangam a luut thei sih uhi. Hutdamna gamgi Pathian in A hunna sunga i um diing uh ahi. Hutdam i hih theihna diingun Jesu Khrist chu i mimal Hundampa a i gintaat va hleh dihtatna daante dungjuia hing a Pathian Thu i man diing uh ahi.

Hitobang hutdamna thu chihlouh ah, Pathian, hagaulam lalgam daan dungjui cheta silbangkim subuchingtu, dihtatan hilhchian Bible ah mun tampi a um hi. Hih dihtatna i heetsiam theih va ahihleh, i sualnate uh buainate suhvengna diing a baihlam mahmah diing hi. Gualzawlnate muhna diing, huleh haamteinate dawnnate muhna diinga a baihlamsah diing hi. Etsahna diingin, na lungtang deihzawng muh na ut leh bang na bawl diai?

Psalm 37:4 in hichiin a chi hi, "LALPA ah kipaah in; huleh Amah in na lungtang deihzawng ahung pe diing hi." Pathian a nangmah leh nanngmah na kisuhpaahna diingin, Pathian na lungkimsah masat a ngai hi. Huleh Bible mun tampi ah Pathian suhlungkimn diingdan lampi tampi i mu thei uhi.

Hebraite 11:6 in hichiin a chi hi, "Huleh ginna tellouin Amah lungkimsah ahi thei sih hi." Pathian Thu i gintaatna uh, sualnate i paihmangna uh, huleh i hung kisuhsiangthouna chiangchiang vah Pathian i lungkimsah thei uhi. Huleh, Kumpi Solomon kithoihna sangkhat laan banga i panlaahna leh sillatte toh Pathian i lungkimsah thei uhi. Pathian lalgam a diingin phatuamngaihna natohte zong i tong thei uhi. A lampi dang tampi a um thei hi.

Hujiahin, Bible sim leh thusoi ngaihkhiaah chu dihtatna daan zilna lampite laha khat ahi chih i heetsiam diing uh ahi. Hutobang daan i juih va huleh Pathian i suhlungkim uleh, i lungtag deihzawng tengteng i tang thei un huleh Pathian kawmah loupina i pe thei uhi.

Pathian dihtatna daante dungjuia gamtaang

Lalpa ka pom a huleh Pathian dihtatna ka heetsiam jiahin, ginna a hinkhua zat chu a nuam hi. Dihtatna daan dungjuia a ka gamtaat chiangin, Pathian lungsiatna leh sumlam a gualzawlnate ka tang hi.

Huleh, Pathian in Pathian Thu dungjuia i hin uleh Ama'n natnate leh siatnate apat in ahung veengbit diing hi. Huleh Lalpa ka pom apat in kei leh ka innkuante ginna chauh toh ka hin jiahun, ka innkuan zousiah uh ka chidam va huleh damdawi inna khoimah ah ka chiah sih va ahihlouhleh damdawi bangmah ka nei sih hi.

Because Pathian in i chituh bangbang ahung aatsah chih dihtatna ka gintaat jiahin, zawng mahmah zongleng Pathian diinga piaah nuam kasa hi. Mi khenkhatte'n, "Ka zawng mahmah a Pathian kawma piaah diing bangmah ka nei sih hi," a chi uhi. Hizongleh ka zawng jiahin silpiaah ah ka kuhkal sem diing hi.

2 Korinthete 9:7 in hichiin a chi, "Mi chinin a lungtanga atup bang jelin pia heh; phallousa-sa-a, ahihlouhleh piahlouh theihlouh-a ngaia pelouin; ajiahchu Pathian in kipaahtaha petu chu alungsiat hi." A kisoi bangin, Pathian maiah khutguaah in ka hung ngei sih hi.

Tawmtakhat nei himahleng kipaahtaha Pathian kawma piaah nuam ka sa a, huleh kintahin sumlam gualzawlna ka dong hi. Pathian in ginna toh Pathian lalgam a diinga ka piaah chiangin sawndet, thingdet, totdet huleh a leh 30. 60.100 a tam ahung pe diing hi chih ka heet jiahin kipaahtahin ka pe thei hi.

Hukhu gah ah, kum sagih lupna ngaah a damlou a ka um sung a ka sumbat neihte tampi chu a dit a, huleh tuni tannin, nasataha gualzawl in ka um huleh bangmah ka tasam sih hi.

Huleh, Pathian in gitlouhna apat a zalen leh kisusiangthou kawmah A silbawltheihna A piaah chih dihtatna daan ka heet jiahin, kuhkaltaha haamteina leh anngawlna tungtaw kei a kipat gilou ka paihmang zing a, huleh a tawpna ah Pathian silbawltheihna ka tang hi.

Tuni a Pathian silbawltheihna limdang chu a kilang hi ajiahchu thuaahtheihna toh hahsatna leh ze-etna tampi ka phuuttouh laiin Pathian in kei apat a mamoh lungsiatna leh dihtate lam ka tongdoh hi. Pathian in a mawh in A silbawltheihna ahung pe sih hi. Ama'n hih dihtatna daante chet ahung piaah hi. Hujiahin meelmapa dawimangpa leh Setan in hikhu a daal thei hi.

Hikhu chihlouh ah, Bible a thute zousiah ka gingta in ka jui veh hi, huleh Bible a kigial natoh leh gualzawlna limdangte zousiah ka tuaahkha hi. '

Huleh hutobang natohte kei a diing chauh in a tung sih hi. Mi koipouh in Bible a kigial Pathian dihtatna daante a heetsiam a huleh hute dungjuia a gamtat leh, keimah in ka tang tobang gualzawln a tang thei hi.

Dihtatna lang nihte

A taangpi in mite'n dihtatna sil lauhhuai gawtna toh kijui bangin a ngaihtuah uhi. A dihtahin, dihtatna dungjuiin sualnate leh gitlouhna chu gawtna lauhhuaitah in a jui diinga, hizongleh a lehbulhin, hikhu chu eite a diinga gualzawlna tungsahna diing chabi ahi.

Dihtatna chu sum ning nihte ahi. Etsahna diingin mial a umte a diingin, hikhu sil lauhuai khat ahi, hizongleh Vaah a umte a diingin, hikhu chu sil hoih mahmah ahi. Suammang khat in temta tawi taleh hichu tualthahna tem ahi a hizongleh nu khat in tawi taleh, hikhu anhuanna a meh aatna diing leh innkuanpihte a diinga meh bawlna vanzat ahi.

Hujiahin, Pathian dihtatna zat ahihna diing mipa ahihlouhleh minu zil in, lauhhuai thei ahihlouhleh kipaahumtah a hi. Dihtatna ning nihte i heetsiam va ahihleh, dihtatna chu lungsiatna toh suhbuching ahi chih i hesiam diing va, huleh Pathian lungsiatna chu dihtatna toh suhbuching ahi. Lungsiatna dihtatna tellou chu lungsiatna dihtah ahi sih hi, huleh lungsiatna tellou dihtatna zong dihtatna dihtah ahi sih hi.

Etsahna diingin, na tate'n sil a bawl sual teng un gawtna pelechin bang a chi diai? Ahihlouhleh, hun zousiah ah na tate gawt ngei sih lechin bang a chi diai? A nihnih in, naupangte thumanlouhna tuttu ahi diing hi.

Dihtatna dungjuiin, khatveivei a silbawlsual jiah va hah gawt a na gawt a ngai a, hizongleh hun zousiah ah 'dihtatna' na langsah thei gige sih hi. Khatveivei hun na piaah a ngai a, huleh a lampi vapat a kihei tahtah va ahihleh, na lungsiatna toh ngaihdamna leh hehpihna na latsah diing ahi. Hizongleh a non in, hun zousiah ah hehpihna leh lungsiatna na langsah thei sih hi. A poimoh leh gawtna tungtawn a na tate lampi dih a na pui diing ahi.

Pathian in Matthai 18:22, "Sagih vei ka hung chi sih, sawmsagih sagih vei ka chi hi," chi ah ngaihdamna tawp neilou kichi toh kisai chih ahung hilh hi.

Huchi mahbangin, bangteng hileh, Pathian in lungsiatna dihtah chu khatveivei gawtna toh a kiton hi A chi hi. Hebraite 12:6 in hichiin a chi hi, "Ajiahchu Lalpa'n a lungsiatte asawi a, huleh ta a deih photmah chu a jep veu hi." Hih lungsiatna leh dihtatna kikal i heetsiam va ahihleh, lungsiatna sungah dihtatna a kisubukim chih zong i hesiam diing uhi, huleh dihtatna i ngaihtuah touh jel laiun, dihtatna sungah lungsiatna thuuhtah zong a um chih i hesiam diing uhi.

Dihtatna ning sangzote

Dihtatna in zong vaangam tuamtuamte ah ning tuamtuam a nei hi. Chihchu, vaangam dan a i paitouh utoh kiton in, vaangam khat apat vaangam nihna, thumna, huleh lina ah, dihtatna ning zong ahung lian deuhdeuh in ahung thuuh deuhdeuh hi. Vaangam tuamtuam in vaangam chih a dihtatna dungjuing a paidan uh a kem uhi.

Vaangam chih a dihtatna ning chituamna a umna jiah chu vaangam chih a lungsiatna ning a chituam jiah ahi. Lungsiatna leh dihtatna a kikhen thei sih hi. Lungsiatna ning a thuuh sem leh, dihtatna ning zong a thuuh sem hi.

Bible i sim va ahihleh, Thuhun Lui a dihtatna leh Thuhun Thah a dihtatna chu a chituam tuaahtuaah hi. Etsahna diingin, Thuhun Lui in, "Mit luanga mit," a chi hi, huchu kiphubalaahna daan ahi a, hizongleh Thuhun Thah a khu in, "Na meelmate lungsiat in," a chi hi. Kiphubalaahna daan chu ngaihdamna leh lungsiatna daan in a kiheng hi. Huchi ahihleh, hikhu umzia chu Pathian deihzawng a kiheng ahi chihna ahi diai?

Ih, huchibang ahi sih hi. Pathian chu hagau ahi a huleh kumtuang in a kiheng sih a, huchiin Pathian lungtang leh deihna Thuhun Lui leh Thah a a kibang hi. Hikhu chu mite'n lungsiatna a tohdohna chiang va kinga in, dihtatna kibangmah chu buuhna tuamtuam ah zat ahi diing hi. Jesu lei a, A hung tandong ah huleh lungsiatna toh Daan A suhbuchingna chiangchiang ah, mite'n lungsiatna heetsiamna a neihna chiang uh a ngiam mahmah hi.

Amahuh kawma a meelmate nasan lungsiat diing, dihtatna dan sang mahmah, chia a kihilh leh, a zang siam sih diing uhi. Hikhu jiahin, Thuhun Lui ah, dihtatna daan dan ngiamzaw, 'mit luang a mit' chu, paidan kiphutdet a kizang hi.

Ahihvangin, Jesu'n lungsiatna toh Daan chu hih khovel a, A hung a misualte a diinga A hinna A piaah a, A suhbuching nung in, dihtatna dan Pathian in ei mihingte diinga poimoh A lodohta hi.

Jesu etsahna apat in, lungsiatna dan chu dan ngiamzaw apat meelmate nasan lungsiatna dan a paitou i mu zouta hi. Hujiahin phubalaahna daan 'mit luanga mit' chi chu a zat theih nawn sih hi. Tuin, Pathian in dihtatna ning ngaihdamna leh hehpihna kizatna ahung mamohta hi. A dihtahin, Pathian in deih tahtah chu, Thuhun Lui nasan ah, ngaihdamna leh hehpihna ahi, hizongleh hulaia mite'n a hesiam tahtah thei sih uhi.

A tunga kihilhchian bangin, Thuhun Lui leh Thuhun Thah a lungsiatna leh dihtatna ning a kibatlouhna a um jiahin, vaangam chih a lungsiatna ning a kinga in dihtatna ning zong a kibang sih hi.

Etsahna diingin, numei angkawm kiman a muh un, vaangam khatna a dihtatna dan ngiamzaw dungjuia gamtate'n a mun a suang a sehlup ngal diing ahi a chi uhi. Hizongleh Jesu, dihtatna dan sangpen huchu vaangam lina dihtatna a um in, a kawmah hichiin A chi hi, "Ke'n zong ka hung mohpaih sih. Chiah in. Tu a kipat in sual nawn sin" (Johan 8:11).

Hujiahin, dihtatna chu i lungtang vah a um hi, huleh michih in a lungtang uh lungsiatna toh a dimsah va huleh hagau toh a lungtang uh a chituhna chiang uh dungjuiin dihtatna ning tuamchiat a phawh uhi. Khatveivei, dihtatna ning ngiamzaw neite'n dihtatna ning sangzaw neite dihtatna a hesiam thei sih uhi.

Hikhu jiah chu tahsa a mite'n Pathian silbawl bang ahiai chih a hesiam veh thei ngei sih uhi. A lungtang uh lungsiatna toh chituha huleh hagaulam lungsiatna chituhte'n Pathian dihtatna kimtahin a hesiam thei un huleh a zang thei uhi.

Hizongleh dihtatna ning sangzaw zang kichi in a ning ngiamzaw a um dihtatna a thuneihkhum ahihlouhleh botse thei sih uhi. Jesu'n vaangam lina dihtatna a nei va, hizongleh hih leitung dihtatna A kiheetmohbawl ngei sih hi. Soidan tuam in, Ama'n vaangam thumna dihtatna ahihlouhleh a sangzaw hih leitunga dihtan daante gamgi sungah hih leitung ah A langsah hi.

Huchi ahih mahbangin, hih vaangam khatna i um laiun vaangam khatna a kizang dihtatna i botse thei sih uhi. A dihtahin, lungsiatna ning a thuuh semsem leh, dihtatna letdan leh thuuhdan a khang semsem diinga, hizongleh a paidan a kibang hi. Huleh huchiin dihtatna daante chu a dihtah a i heetsiam diing uh ahi.

Ginna leh thumanna – dihtatna daan bulpite

Hujiahin, dihtatna paizia leh daan i heetsiam va huleh i haamteinate uh dawnnate muhna diinga i juih diing uh bang ahiai? Sil tampi, etsahna diingin, hoihna leh kingaihngiamna chihte a um hi. Hizongleh, daan bulpipen nihte chu ginna leh thumanna ahi. Hikhu chu dihtatna daan Pathian Thu i gintaat chiang va huleh i man chiang va dawnna i muh uh ahi.

Matthai bung 8 ah sepaih zaheutu suaah damlou nei a um hi. Amah chu Rom Kumpigam a sepaih zaheutu ahi a, hizongleh Jesu mai a hung pai diing khop in a kingaingiam hi. Huleh Jesu kawma amah mimal a, a suaah damlou diinga hung pai diing khopin lungtang hoih a nei hi.

Hite tengteng tungah, dawnna a muhtheihna jiah chu ginna a

neih jiah ahi. Jesu kawma hung diinga thupuuhna a laah masiah in, a kiim a mite apat in Jesu tungtaang tampi ana zakha ahi meithei hi. Mittaw khua hung mu, haam theilou hung haam, huleh damlou tampi Jesu jala dam chihte thuthang ana zakha ahi meithei hi.

Hutobang thuthang za in sepaih zaheutu in Jesu a muang a huleh ginna ahung nei a huchiin a suaah a diingin a lunggulh a mu thei diing hi Amah kawma a va pai leh chiin.

Jesu toh a kimuh tahtah chiangun, ginna thupuan a bawl a hichiin a chi hi, "Sepaihjaheutu'n a dawnga, Lalpa, ka inn sunga na hung luutna taah ka hi sih hi; thu chauh soiin, huchiin ka suaahpa chu a dam mei diing" (Matthai 8:8). Ama'n Jesu toh kisai thuthang a zaah jiahin a thusoi chu a soi thei ahi.

Hutobang ginna i neihna diingun, Pathian Thu i man louh uh i kisiih masat diing uh ahi. Pathian chu sil khat pouhpouh a i lungkiatsah leh, Pathian maia thuchiam i kep louh uleh, Lalpa Ni i kep siangthou louh uleh ahihlouhleh sawmakhat hoihtaha i piaah louh uleh, hih silte tengteng i kisiih diing uh ahi.

Huleh, khovel lungsiatna, mite toh kilemna i neihlouh uh, gilou chinteng lungtomna, lungthahna, lungkiatna, lungsim noplouhna, enna, thangsiatna, kihauna, huleh dihtatlouhnate i kep leh hute toh i gamtatnate i kisiih diing uh ahi. Hih sualna baangte i suhchip va huleh Pathian suaah silbawltheitah haamteina i don uleh, dawnna muhna diing ginna piaah i hi diing va, huleh dihtatna daante dungjuia dawnna i mu diing uh chia i gintaatte chu a tahtahin i mu diing ui.

Hih silte banah, sil dang tampi dawnna muhna diinga i man uleh i juih diing uh, kikhopna tuamtam a tel, tawploua haamtei, huleh Pathian kawma piaah chihte a um hi. Huleh eite thumang bukim i hihna diingun, eimah leh eimah i kimanghilh theih diing uh ahi.

Chihchu, i kisahtheihna, kiuahsahna, mahni-kidihsahna huleh mahmi-kisoiphatna, i ngaihtuahnat uleh ngaihdan zousiah, hinkhua kiletsahna, leh khovel a kingahna diing lunggulhna i paihmang diing uh ahi. A bukim a i kingaihngiam va huleh hitobang a mahni i kipaih chiangun, Luke 17:33 a "Koipouh a hinna kem nuam in a taan diinga, huleh koihpouh a hinna taan in a kembit diing," chia kigial bangin dihtatna daan dungjuiin dawnna i mu thei uhi.

Pathian dihtatna heetsiam leh thuman kichi ch Pathian heetpha chihna ahi. Pathian i heet jiahun, A daan bawl i jui thei uhi. Huleh hitobang a Pathian heet chu ginna ahi, huleh ginna dihtah chu thumanna natoh in a jui gige hi.

Pathian Thu toh nang leh nang na kiet chianga sualna khat pouhpouh na heetdoh leh, na kisiih a huleh hutobang apat na kihei diing ahi. Pathian a bukim a na muan a huleh Amah a na kingah ka kinem hi. Huchia bawl in, khatkhat in Pathian dihtatna daante na heetsiam va huleh na juih va huchia pathian na tuh gah hung aatsah leh na natoh dungjui a hung thuhpa apat dawnna leh gualzawlna na muh diing ka kinem hi.

Princess Jane Mpologoma (London, United Kingdom)

Khovel langkhat apat in

Birmingham ah ka teeng hi. Hikhu chu mun kilawmtah ahi. Kei chu Buganda lalgam a president masapen tanu ka hi a, huleh United Kingdom a mi nunnem, leh zaidam khat toh ka kiteeng a huleh tanu thum ka nei hi.

Mi tampite'n hitobang a neizou hinkhua a hin a lunggulh va, hizongleh kei chu ka kipaah talo sih hi, ka hinna ah bangmah in a suhbuching theihlouh dangtaahna khat ka nei hi. Hun sawtpi sunglam natna kumlui khat naahpi a hung na sah ka nei. Hoihtahin ka ne in ahihlouhleh ka ihmu hoih sih hi.

Natna chi tuamtuam, thauna, lungtang kisuuhlou, huleh lungphu ngiam chihte tel in, in ahung bawm hi. Daktorte'n lungphu a puuh thei ka hihdan ahung hilh uhi.

Hizongleh August 2005 in, ka hinkhua ah kihenna khat ka nei hi. Gintaatlouh pi in Manmin Central Church a huhtu pastorte laha mikhat London hung veh khat toh ka kimukha hi. Lehkhabute leh

A pasal David toh

thusoina kikhumte amah apat in ka ngah a, huleh naahtahin ahung khoih hi.

Hute bhu Bible pansan ahi a, hizongleh hutobang thusoi thuuh leh lungkhoih khoimahah ka zakha nai sih hi. Ka hinkhua a dangtaahna chu a damsah a, huleh ka hagaulam mitte Thu hesiam diingin a kihong hi.

A tawpna ah South Korea ka va veh hi. Manmin Central Church ka luut toh kiton in ka sapum zousiah muanna in a tuam hi. Rev. Jaerock Lee apat haamteisahna ka tang hi. UK a ka hung kileh nung in Pathian lungsiatna ka hung hesiam pan hi. October 21 ni a 'endoscopy' kila chu a siatna a hoih hi. Thauna zong a ngeina bangin a um hi, huleh lungphu zong a ngeina ahi. Hikhu chu haamteina silbawltheihna ahi!

Hih siltuaah in ginna thupitah ahung neisah hi. Lungtang buaina ka nei a, huleh Rev. Jaerock Lee kawmah hung haamteipih diingin ka ngen hi. Manmin Central Church a November 11 ni a Ziltawpni zaankhovaah biaahna kikhopnate laha khat ah ama'n ahung haamteipih hi. Khovel langkhat apat in Internet ah a haamteina ka dong hi.

"Jesu Khrist min in, a lungtang natna, chiahmang in. Pa Pathian, amah chidamsah in!" chiin a haamtei hi.

Hagau Siangthou natohna chu haamteina ka don toh kiton in ka phawh hi. Ka pasal in hung tulou hileh silbawltheihna haattah jiahin

ka puuh diing hi. Second 30 zoh vel in ka hung halhdoh kiit hi.
November 16 ni in 'angiography' ka la hi. Ka daktor in ka lungtang sigui khat buaina ka nei kha thei ahung chi hi. Hikhu chu limlaahna neukhat a lawng neukhat a kithuah toh kila ahi. Huleh a kilaahna lim hung suaah chu a limdang hi.
Daktor in, "Kum tampi sung in hih pindan sungah hutobang lungtang chidam ka mukha nai sih hi," a chi hi.
Ka sapum zousiah nopsahna in a jelsuaah hi, ajiahchu ka daktorpa thusoi ka zaah chiangin Pathian in ahung khoih ka phawh hi. Huhun apat in hinkhua tuam in ka hin tumta hi. Khangthahte, phawhphaahlouhte, huleh tanchinhoih poimohna nei mi koipouh kawm batphaah ka ut hi.
Huleh Pathian in ka mang ahung taangtungsah hi. Kei leh ka pasal in London Manmin Church chu missionari bangin ka pankhia va huleh Pathian hing thu ka soi uhi.

Extraordinary Things apat kiladoh

Bung 5 Thumanna

> Hi' leh 'Amen' chih toh Pathian Thumanna chu Pathian natohte tuaahkhaahna nailampen ahi.

Jesu thumanna bukim

Jesu'n vaangam khatna dihtatna a mang hi

Thumanna tungtawna Pathian natohte tuaah mite

Thumanna chu ginna chetna ahi

Manmin Central Church in thumanna in khovel a tanchinpha thehdalhna a lamkaihna a la

"Huleh mihing limlemeel bang hung puain, ahung kingaingiama, sihna tanphain thu ahung mang hi, kros sihna ngeei chu."

(Philippite 2:8)

Bible in sil hithei keei lou Pathian jala hihtheihsaha hung um toh kisai tampi a langsah hi. Sil limdang nil eh ha khawl huleh tui phel nih hung kisuah a mite'n lei gaw a, a kaan uh chihte zong a um hi. Hutobang silte vaangam khatna dihtatna daam dungjui toh a tung thei sih a, hizongleh vaangam thumna ahihlouhleh a tunglam dihtatna dungjuiin a hithei hi.

Hutobang Pathian natohte i tuaahna diingun eite'n hukhu daan i suhbuching diing uh ahi. Daan suhbuching hunkhop a um a huleh hute lahah, thumanna chu a poimoh mahmah hi. Pathian Bangkimbawlthei Thu ch 'Hi' leh 'Amen' toh man, hikhu chu Pathian natohte tuaahkha chu a lamnaipen ahi.

1 Samuel 15:22 in hichiin a chi hi, "Huleh Samuel in, 'LALPA'N LALPA thumanna akipaahpih bangin haalmang sillat leh kithoihna tungah kipaahna nasatah a nei eimah? Ngaiin, thuman chu kithoihna sangin a hoih zawa, huleh thujop chu belaamtal thau sangin a hoi zaw hi.'"

Jesu thumanna bukim

Jesu'n Pathian deihzawng chu misual mihingte hutdamna diinga A kiilhbelh tandong in A mang hi. Hutobang a Jesu thumanna tungtawn a in ginna jalin hutdam i hi thei uhi. Jesu a i ginna jal va hutdam a i um theihdan uh bangtobang ahiai chih heetsiamna diingin, a masapen a sihna lampi a mihingte bangchi um ahi viai chih i ngaihtuah masat uh a ngai hi.

Misual ahih masangin, Adam in Eden Huan ah kumtuang hinna a nei hi. Hizogleh Pathian in neeh louh diing A chih singkung apat a neehna chiangin, hagaulam lalgam daan, 'sual man chu sihna ahi' (Romte 6:23), chih dungjuiing, a sih a huleh Meidiil a, a luut a ngaita hi.

Hizongleh Adam in thu a mang sih diing chih, kumte um mansang apat, a he in, Pathian in Jesu Khrist ana guanggalh hi.

Hikhu chu Pathian dihtatna sungah hutdamna lampi honna diing ahi. Jesu chu, Thu tahsa hung suaah ahihna ah, hih leitung ah mihing sapum in A piang hi.

Pathian in Hundampa, Messiah, tungtaang soilawhna ana bawl jiahin, meelmapa dawimangpa leh Setan in hundampa toh kisai zong ana he hi. Dawimangpa in Hundampa thahna diing hun lemchang a hawl hi. Mipil thumte'n Jesu A piangta a chih chiangun, dawimangpa'n Kumpi Herod chu pasal naupang kum nih nuailam teng that diingin a chiil hi.

Huleh, dawimangpa in migiloute Jesu kilhbeh diingin a tohthou hi. Dawimangpa'n Jesu, Hundampa hi diinga hung kumsuh khuh, a thah leh, misualte tengteng Meidiil ah puiluut in huleh amah thunuai ah kumtuang in a koih diing chiin a ngaihtuah hi.

Jesu'n sual bulpi neilou a huleh sualna bangmah a bawl louh jiahin Amah chu dihtatna daan sual man chu sihna ahi chi khu dungjuia thah theih in a um sih hi, Bangteng hitazongleh, dawimangpa in, a dihtahin, Jesu sihna a tungsah a huleh huchiin dihtatna daan a botsia hi.

Huchi hin, sualna bei Jesu'n sihna zoua huleh a thoukiitta hi. Huleh tuin, Jesu Khrist a gingta koipouh hutdam theih leh kumtuang hinna nei thei ahi. A khatna ah, dihtatna daan sual man chu sihna ahi chih dungjuiin, Adam leh a suante chu sihna lampia a pai diinga seh ahi va, hizongleh a khonung in, Jesu Khrist tungtawn in hutdamna lampi ah hon ahi. Hikhu chu 'kumte um masanga selguuh thuging' 1 Korinthete 2:7 a khu ahi.

Jesu'n, "Sualna nei sih zongleng bang diinga misualte a diinga thah a um diing Ka hiai," chih bang A ngaihtuah keei sih hi. Pathian silphatuam bawlsah dungjuiin kilhbeh diingin kross chu thanuamtahin A puaah hi. Hih Jesu thumanna pumlum leh bukim ahi i hutdamna diing va kot hung hongtu.

Jesu'n vaangam khatna dihtatna A mang hi

Hih leitung a, A hinkhua zousiah ah, Jesu'n Pathian deihzawng A mang bukim a huleh vaangam khatna dihtatna daan dungjuiin A hing hi. Amah chu ahihna a Pathian ahihvangin, mihing sapum a puaah a huleh mihingte bangin gilkialna, gimna, natna, dahna, huleh lunglenna a thuaah hi.

Mipi laha A natoh A pat masangin ni 40 an A ngawl hi. Huleh Amah sil zousiah pu hizongleh, haamteina toh a kap a huleh tawplouin A haamtei hi. A ni tawpna lamah, dawimangpa in thum vei a heem hi, huleh Ama'n Pathian Thu toh, heemzoh louh in ahihlouhleh kiliing louin dawimangpa a nohdoh hi.

Huleh, Jesu'n Pathian silbawltheihna a nei hi, huchiin Ama'n sillimdang khat pouhpouh leh silmahte A langsah hi. Huchi ahihvangin lah, Pathian silphatuam bawlsah dungjuiin a poimoh hun chiang chauh in hutobang sillimdangte A langsah hi. Tui apat uain siam huleh mipi 5000 tanghou pheeng nih leh nga nih toh vaahna chihte tungtawn in Pathian Tapa silbawltheihna a langsah hi.

Ana lunggulh hitaleh, Amah enghou a huleh kilhbehte A suse thei hi. Hizongelh haamtamlouin soisatna leh simmohna A thuaah a huleh thumanna ah, Amah chu kilhbeh ahi. Mihing khat bang gimthuahna leh na sahna A nei a huleh A sisan leh tui zousiah A luangsah hi.

Hebraite 5:8-9 in hichiin a chi hi, "Tapa himah zongleh, a silthuaahte hawin thumandan a zilta hi; Huleh suhbukima hung umin, a thumangte zousiah diingin kumtuanga hutdamna siamtu ahung hita hi Amah chu Tapa khat himahleh."

Jesu'n dihtatna daan A thuman bukimna tungtawn in subuching mahleh, Lalpa Jesu pom leh thudih a hing koipouh dihtatna suaah ahung hithei a huleh sual suaahte bangin sihna lampi tot ngailouin hutdamna a tung thei uhi (Romte 6:16).

Thumanna tungtawna Pathian natohte tuaah mite

Amah chu Pathian Tapa hizongleh, Jesu'n Pathian silphatuambawlsah A subuching hi ajiahchu Amah A thumang bukim hi. Huchi ahihchiangleh, eimah silsiam meimeite in Pathian natohte tuaahna diinga i thuman bukim sem diing uh a diai? Thumanna bukim chu a poimoh hi.

Johan bung 2 ah, Jesu'n sillimdang khat tui uain a kihennan tungtawn in A bawl hi. Gualvaahna khat uain ahung bei in, Siangthou Mari in suaahte kawmah Jesu'n bawl diinga a hilh photmah uh bawl diingin a sawl hi. Jesu'n suaahte kawmah, 'tuibeelte sudim a huleh tui thal a huleh gualvaahna houtu kawma pe' diingin A sawl hi. Gualzawna houtu in tui a chep leh, tui uain hoih a siamzoh ahita hi.

Jesu'n gualvaahna houtu kawma tui va tawi diinga A hilh suaahte'n mang sih leh, Uain sillimdang a tuaahkha thei sih diing uhi. Thumanna leh dihtatna daan hoihtaha he in, Siangthou Mari in suaahte Amah thu mang ngeingei diingin a bawl hi.

Peter thumanna zong i gel thei uhi. Peter in zaankhovaah in nga a man sih hi. Hizongleh, Jesu thu A piaah chiangin, "Na matna diingin na leen lithuuh lamah sep in," Peter in a mang a, "Pu, zaankhovaah in ka tong va huleh bangmah ka man sih uhi, hizogleh Na chih bangin bawl diinga huleh leen ka sep diing." Huchiangin, nga tampi a man va, huleh a leente ahung keeh hial hi (Luke 5:4-6).

Jesu, Siamtu Pathian toh khat a umkhawm, in awging bulpi toh thu ahung soi chiangin, nga tampite'n A thupiaah mangpah in huleh leen ah a va pai uhi. Hizongleh, Peter in Jesu thupiaah ana mang sih taleh, bang a suaah diai? "Houtupa, nang sangin nga matdan ka hezaw hi. Zaankhovaah a nga mat sawm ka hi va huleh tuin ka gim mahmah uhi. Tuni a di'n hun phot heh. A lithuuh lama kuan a leen va seh chu a gimhuai mahmah diing," chi taleh, sillimdang bangmah a tung sih diing hi.

Zarephath a meithainu 1 Kumpipate bung 17 a kigial in zong thumanna tungtawn in Pathian natoh a tuaahkha hi. Khokheeng sawtpi a um nung in a an chu ahung bei a huleh taangbuang khutdim khat leh sathau neukhat chauh a um hi. Nikhat Elijah a kawmah a hung a huleh an ahung ngen a, hichiin a chi hi, "Ajiahchu LALPA Israel Pathian in hichiin a chi hi, "Ajiahchu Israelte LALPA Pathian in hichibangin a chi hi, LALPA'N leitunga guah ahung juhsah masiahin taangbuang beel a guaahsuaah sih diinga, huleh sathau uum zong a lohsam sih diing, chiin.'" (1 Kumpipate 17:14).

Meithainu leh a tapa te'n a an neih nunungpen uh a neeh zoh chiang va sih diing a ngaah mei uh a ngai diing hi. Ahihvangin, Elijah tungtawna Pathian kisoi a gingta a huleh a mang hi. A an neeh diing Elijah kawmah a pe veh hi. Tuin, Pathian in sillimdang khat A chiam bangin numei thumangnu kawmah A bawl hi. Taangbuang beel khat chu a bei ngei sih a huleh sathau uum zong khokheeng bei masiah in a kang sih hi. Meithainu, a tapa, huleh Elijah hutdam in a um uhi.

Thumanna chu ginna chetna ahi

Mark 9:23 in hichiin a chi hi, "Huleh Jesu'n a kawmah, 'Na hihtheih leh?' Sil zousiah a gingtate a diingin ahi thei hi." Hikhu chu dihtatna daan ahi hichia chi i gintaat uleh, Pathian bangkimbawlthei natohte i tuaahkha thei uhi. Ginna toh i haamtei va ahihleh, natnate in ahung nuse diinga huleh ginna toh thu i piaah va ahihleh, dawite a paimang diinga huleh hahsatna chi chinteng leh ze-etnate a chiahmang diing hi. Ginna toh i haamtei uleh, sumlam gualzawlna i tang thei uhi. Sil zousiah ginna toh ahi thei hi!

Hikhu chu dihtatna daan dungjuia dawnnate muhna diing

ginna i nei uh chih chetna diinga thumanna natoh ahi. Jakob 2:22 in hichiin a chi hi, "Ginnain a silbawlte toh atong khawma, huleh silbawlte jiahin ginna chu a bukimta ahi chih na mu hi."

Elijah in Zarephath a meithainu kawmah amah a diinga a an diinga hung tawi diingin a ngen hi. "Pathian mi na hi a huleh Pathian in ahung gualzaawl diinga huleh ka an a bei ngei sih diing hi," chi in, hizongleh thu mang sih taleh, Pathian natohna bangmah a tuaahkha sih diing hi. Huhkhu jiah chu a natohte in a ginna chetna a langsah sih diing hi.

Hizongleh meithainu in Elijah thusoite a maung hi. A ginna chetna in, a an nunungpen ahung tawi hi, a thusoite mang in. Hih thumanna natoh in a ginna a chian a, huleh sillimdang chu dihtatna daan dungjuiin a tung hi, a gingtate a diingin sil zousiah a hithei chih bangin.

I lungtup leh duhthusam Pathian hung piaah a taangtunna diingin, i ginna leh thumanna chu a poimoh mahmah hi. Pulepate Abraham, Jakob, leh Joseph te'n a lungsim vah Pathian Thu a vom va huleh thu a mang uhi.

Joseph a khangdawng laiin, Pathian in mizahum khat hung hi diingin mang a neisah hi. Joseph in a mang a gintaat chauh hilouin hizongleh a hunteng in a phawh a huleh a lungsim chu a mang a taangtun masang a heng sih hi. Dinmun khatpouhpouh ah Pathian natoh a en a huleh Pathian mapuina a jui hi.

Kum 13 sung suaah khat leh suangkul taang khat hi in, Pathian in A piaahsa mang a ginglel het sih hi, a dinmun chu a mangte toh kikalh hizongleh. Pathian thupiaahte juiin lampi diha a pai hi. Pathian in a ginna leh a thumanna A mu a huleh a mang A taangtungsah hi. Ze-etna zousiah ahung bei a, huleh kum 30 ah Aigupta gam zousiah a Pharaoh, kumpipa ban chet ah thuneipen nihna ahung hi hi.

Manmin Central Church in thumanna in khovel a tanchinpha thehdalhna a lamkaihna a la

Tuni in Manmin Central Church in khovel pumpi ah siingkhat sanga tamzaw kouhtuam kahiang a nei a huleh Internet nasepna, satellite TV, huleh kithuzaahna dangte tungtawn in khovel ning chih ah tanchinhoih a soi hi. Kouhtuam in tuni tandong in hih natohna tengteng kipat tuung apat in dihtatna daan dungjuiin thumaana natohte a langsah hi.

Pathian ka muh a kipat in, ka natna zousiah suhdam ahi, huleh ka mang chu Pathian mitmuha upa hoihtah Pathian paahtawi leh mizawng tampite panpih ahi. Hizongleh nikhat Pathian A suaah diinga hung kou in hichiin A chi hi, "Kumte um masangin Ka suaah hi diinga Ka hung teeldoh ahi." Huleh kum thum sung Pathian Thu toh na kigalthuam a ahihleh, tuipite, luite huleh taangte ka kaan diinga huleh ka chiahna phot ah chiamchihna limdangte ka bawl diing ahung chi hi.

A tahtahin, kei chu gingthah ka hi nalai hi. Ka zahkaai a huleh mipi maia thusoi thei lou ka hi. Ahinlah, suanlam bangmah nei lou in thu ka mang a huleh Pathian suaah khat ka hung hi hi. Bible a bu 66 dungjuia paina diingin ka theihtawp ka suah a huleh Hagau Siangthou mapuina ah anngawl in ka haamtei hi. Pathian hung thupiaahdan dungjuiin thu ka mang hi.

Huleh tuipigal a chialpi lianpi ka neih chiangin, hute diingin kana saimalawh a ahihlouhleh kana kiguanggalh sih hi, hizongleh Pathian thupiaah ka mang giap ahi. Pathian in chiah diinga ahung sawlna mun chauh ah ka chi ahi. Chialpi lian a diingin kum tampi kisahkholna a luut hi, hizongleh Pathian in ahung thupiaah ahihleh, ha tamlou sungin hukhu a diingin ka kisingsa uhi.

Hutoang chialpi liante neihna diing sum kiningching nei sih mahleh ung, ka haamtei va ahihleh, Pathian in a hun teng in sumlamah ahung suhbuchingsah jel hi. Khatveivei Pathian in tanchinhoih kisoi theihlouhna munte ah ahung sawl jel hi.

2002 kum in, Chennai, India, a chialpi bawl diinga ka kisah laiun, Tamil Nadu solkal in nohhaatthu a kihenna khaamna daan thah khat ahung phuangdoh hi. Hu daan in koimah in thagum ahihlouhleh kizawlna ahihlouhleh lampi dihlou a sahkhua khat apat khat a kihen himhim a bawl louh a ahihlouhleh a sawm louh diing chih daan a bawl hi. Hutobang daan botsia a um a huleh 'kum chinglou, numei ahihlouhleh Schedule Caste ahihlouhleh Schedule Tribe a mi khat' a kihensah leh kum ngaa suangkul taang diing hubanah liau diing chih ahi. Sumliau chu Rs. 1 lakh ahi a huchu ni sangnih natoh nitha toh kikim ahi.

Marina Beach a ka chialpi uh chu India a Khristiante chauh ngimna ahi sih a hizongleh Hindute, a gamsung a milip 80% sanga tamzote ngimna ahi.

Thagum a Sahkhua Kihensah Daan chu ka chialpi uh kipatni a zat pat diinga koih ahi. Hujiahin chialpina mun dohsang a tanchinhoih ka soi chianga suangkul taang diinga kimansa a ka um a ngai hi. Mi khenkhatte'n Tamil Nadu policete a hung diing uhin ka thusoi khum diingin chialpi ahung en diing uhi.

Hitobang dinmun lauhhuaitah ah, India thunatongtute leh a saitute'n nuammoh a sa va leh a lungmuang sih uhi. Hizongleh kei ka kisuhangsan a huleh Pathian thu ka mang hi ajiahchu Pathian in bawl diingin ahung sawl hi. Mat a um diing ahihlouhleh suangkul taan diing ka lau sih a, huleh Siamtu Pathian leh Hundampa Jesu Khrist chu hangsaantahin ka phuangdoh hi.

Huchiin, Pathian in sil limdangtahte A tungsah hi. Ka thusoi laiin, "Na lungtang va ginna na hung neih va, dingdoh inla huleh pai in," ka chi hi. Hulaitahin, naupang khat ahung dingtou a huleh a pai hi. Naupangpa, chialpina a ahung tel ma in, a khel leh naaguh kizopna a kiatna ah a kiathong a huleh a nih in siihpeeh in a kizop hi. A kiat zoh in na a sa mahmah a huleh chiangphuh bei in kalkhat zong a suan thei sih hi. Hizongleh, "Ding inla huleh pai in," ka chih chiangin, thakhat in a chiangphuhte a paih a huleh ahung pai hi.

Hu ni in, hih naupang tunga silmah tung banah, Pathian silbawltheihna natoh limdang tampi zong a tung hi. Mittawte'n ahung mu va, bilngongte'n ahung za va, huleh haamtheiloute ahung haamthei uhi. A touna kitawlnate vapat ahung dingdoh va huleh a chiangphuhte uh ahung paih uhi. Tanchin in khopi sung a jelsuaahpah a huleh a jingni in mi tamzosemte a hung pai uhi.

A kigawm in maktaduai thum kikhopna ah ahung tel va huleh a limdangzaw khat chu, 60% te Hindu ahi uhi. A tal vah Hindu chiamchihna a nei uhi. Thusoi a ngaih va huleh Pathian natoh silbawltheitahte a muh nung, a chiamchihnate uh a ladoh va huleh Khristian sahkhua a kihen diing a thutan uhi.

Chialpina in tualsung Khristiante ahung kaikhawm a, huleh a tawpna ah thagum a kihenna daan chu suhbei in ahung um hi. Hutobang natohna limdang chu Pathian Thu manna tungtawn a bawl ahi. Tuin, hutobang Pathian natohna limdangte muhna diingin, bang pentah ahiai i man diing uh?

Khatna ah, Bible bu 66 te i man diing uh ahi.

Pathian Thu chu Pathian ngei i ma va ahung kilat a huleh silkhat bawl diinga ahung sawl chiang chauh a man diing ahi sih. Thu Bible bu 66 a kigialte hun zousiah a i man diing uh ahi. Pathian deihzawng i heetsiam va huleh Bible tungtawn a i man diing uh ahi, huleh huchiin biahinn a thu kisoite zong i mang thei diing uhi. Chihchu, sil khenkhatte bawl diing, bawl lou diing, kep diing, ahihlouhleh paihmang diing chia hung hilh thute chu Pathian dihtatna ahi, huleh huchiin, i mang diing uhi.

Etsahna diingin, na sualnate chu mittui leh naptui na kisiih diing chih na za hi. Pathian leh i kala ding sualna baang i suhsiat zoh chiang chauh un Pathian apat dawnnate i tang thei giap u chi chu daan ahi (Isaiah 59:1-2). Huleh, haamteina a na kikoudoh diing ahi chih na za hi. Hikhu i khosaul leh tohgimna gah i ne diinguh chia thu hung pia daan dungjuia dawnnate hung tungsah diing haamteina paidan ahi (Luke 22:44).

Pathian toh kimaituahna va huleh A dawnnate i muhna diingun, i sualna uh i kisiih masat va huleh Pathian kawma haamteina a i poimoh uh ngen a i kikou diing uh ahi. Mi koitobang in a sualna baang a suhsiat a, a haatna tengteng toh a haamtei a, huleh a ginna natoh a suhlat leh, Pathian a mu thei a huleh dawnna a mu thei hi. Hikhu ahi dihtatna daan.

Nihna, Pathian in A umpih Pathian suaahte thusoi i gintaat va huleh i man diing uh ahi.

Biahinn ka hon zoh utoh kiton in, cancer natna vei khat biahna kikhopna a hung tel diingin a zawngna in ahung poluut hi. Kikhopna a, a tou zang diing ahi ka chi hi. A zi in a nung ah a nang a huleh kikhopna neih sung a tou hamham hi. A damlou mahmah ahihjiah tou hahsa sa mahmah chih ana he a huleh a zawngna a hung kipuah ahihlam ana he hilou ka hiai mah? Hizongleh Hagau Siangthou thopna jalin huchi diingin ka sawl a, huleh ama'n a mang hi.

A thumanna mu in, Pathian in thakhat in tunglam suhdamna A tangsah hi. Chihchu, a natnate zousiah a chiahmang a huleh amah leh amah in a ding thei in huleh a pai hi.

Zarephath a meithainu in Pathian mipa muang a Elijah thusoi a man bangin, hu mipa thumanna chu amah a diinga Pathian dawnna lampi ahung suaah hi. Amah ginna chauh toh suhdam ahi thei sih hi. Hizongleh ama'n Pathian silbawltheihna suhdamna a tangkha hi ajiahchu Pathian silbawltheihna langsah Pathian mipa thu a mang hi.

Thumna, Hagau Siangthou natohnate i man diing uh ahi.

A banah, Pathian apat a dawnnate muhna diingin, i haamtei leh thusoite i ngaih laia Hagau Siangthou aw hung kipiaah i juih ngal diing uh ahi. Hukhu jiah chu Hagau Siangthou i sung va teeng in gualzawlna lampi ah ahung pui a huleh dihtatna daan dungjuiin dawnnate ahung piaah hi.

Etsahna diingin, thusoi laiin, Hagau Siangthou kikhop tawp in ahung houpih naahzaw leh, na man mei diing ahi. Thu na man leh, hun sawtpi ngaihdam louh a um na sualnate na kisiih thei diing hi ahihlouhleh Pathian khotuahna ah haam tuamte a haam theihna silpiaah na mu diing hi. Khatveivei, na haamtei laiin gualzawlna khenkhat ahung tung diing hi

Gingtu thah ka hih laiin, ka neeh muhna diingin inn bawlna mun ah na gumtah ka sep a ngai hi. Hutobang tahsa gimna toh bus tuan man ka khol theihna diingin keeng in ka pai hi. Hizongleh Hagau Siangthou in biahinn bawlna diinga thohlawm ahihlouhleh kipaahna thohlawm a diinga bangzah ahakhat pe diinga ahung sawl leh, ka mang mei hi.

Ka ngaihtuahna zang sese louin ka piaah hi. Sum ka neih leh, Pathian kawma bangchih ni ahakhat a pe diing thuchiam ka bawl hi. Huleh a nichiam jiahin ka hihtheihna tengteng toh a sum ka mu a huleh Pathian in ahung pia hi. Huchia ka man toh kiton in, Pathian in ana guanggalhsa silte toh ahung gualzawl semsem hi.

Pathian in i thumanna a mu a huleh dawnna leh gualzawlnate kot A hong hi. Kei mimal a diingin, Ama'n ka nget photmah lian in neu taleh ahung piaah hi, huleh sumlam silte chauh hilou in. Ka nget taphot chu ginna toh Amah thu ka man leh ahung piaah hi.

2 Korinthete 1:19-20 in hichiin a chi hi, "Bangjiahin ahiai ichihleh na lahva keiuh, keimah ngeei leh, Silvana leh Timothi in a thu ka soi uh Pathian Tapa Jesu Khrist chu, ahi leh hilou, chih ahi

sih a, amah ah chu ahi chih ahi zaw hi. Ajiahchu Pathian thuchiam zousiah chu amah ah ahi chih ahia, huleh keiuh jiaha Pathian loupina diingin amah ah Amen ahi hi."

Dihtatna daan dungjuia Pathian natohte i tuaahkhaahna diingin, i thumanna tungtawna ginna natohte i latsah uh a ngai hi. Jesu etton diing hung latsah bangin, i dinmun ahihlouhleh hihnate khawsa loua i thuman uleh, i ma ah thupitahin Pathian natohte ahung kiphoudoh diing hi. 'Hi' leh 'Amen' chih chauh toh Pathian Thu na man veh va huleh na niteng hinkhua a Pathian natohte na tuaahkha chu ka kinepna ahi.

Dr. Paul Ravindran Ponraj (Chennai, India)
- Senior House Officer, Cardio-thoracic Surgery at Southampton General Hospital, UK
- Registrar Cardio-thoracic Surgery at St. Georges Hospital, London, U.K.
- Senior Registrar Cardiothoracic Surgery, HAREFIELD Hospital, Middlesex, U.K.
- Cardiothoracic Surgeon, Willingdon Hospital, Chennai

Damdawi khellam a Pathian silbawltheihna

Damlou kienkol tampi tunga rumal thaunuhsa kitawi a huleh hung damdoh uh ka mu hi. Mi aatna pindan sunga mi aat a ka um chiangin ka puannaah sakhau ah rumal ka koih gige hhi. 2005 kum a sillimdang tung khat ka hung taahlang ut hi.
Khanglai pasal kum 42 a upa, mikhat a neehhawlna innlamna theka a latu Tamil Nadu state a khopi khat a hung kipan khat lungtang sigui natna nei huleh lungtang sigui 'bypass surgery' nei khat a hung hi. Aat diingin ka guanggalh a huleh huchiin ka aat hi. Hikhu chu hahsa hetlou 'bypass graft surgery (off pump) lungphu toh kibawlkhawm ahi. Kiaatna chu daahkal nih leh a kim sung vel in a kizou hi.
A awm a kikhui bing zoh in ECG ngeinalou toh ahung buai a huleh a sou ahung kia hi. A awm ka hong kiit a huleh a 'bypass graftte' a buaina bangmah a um sih hi. 'Catherization lab' kichi mun ah 'angiogram' en diingin a kisuan hi. A lungtang a sisan um zousiah leh a keeng a sisan umte chu ahung pawm a huleh sisan a pai thei sih hi.

Hikhu jiah diing chu tuni tan in a kihechian nai sih hi.

Hih khanglai pa a diingin kinepna diing a um sih hi. Kiaatna pindan sungah a lungtang polam meeh kawm in puaahluut in a um a huleh a awm chu a kihong kiit a huleh a lungtang chu minit 20 val sung diing vel ka meeh uhi. Amah chu lungtang tuap khawl toh a kibulh hi.

'Vasodilator' damdawi tuamtuam chu a chibawh suhdamna diinga piah in a um a hizongleh bangmah a phatuam sih hi. Sisan chu 25 leh 30 mmHg. kikal ah daahkal 7 sung val a um a huleh sisan kipiaahtuahna leh oxygen hu dinmun chiangah a lungtang in na a sepna diingin a huntawh sih hi.

Daan 18 a sual nung in huleh daah 7 sung a lungtang pump a phattuam nawnlouh phet in, a awm khaah kiit a huleh damlou chu a si a phuan diing ka chita uhi. Ka khupdin a huleh ka haamtei hi. "Pathian hukhu na deihdan ahihleh a hi hi hita heh," ka chi hi. Haamteina toh kiaatna ka pan a huleh ka sakhau ah Dr. Jaerock Lee in ahung piaah rumal thaumuh ka po zing a, hulch Silbawlte 19:12 a kisoi ka phawh zing hi. Haamteina apat in ka thoudoh a huleh damlou chu a si chia phuandoh masanga a awm a kikhuibing kiit toh kiton in kiaatna pindan ah a ka luut hi.

Thakhat a sil kiheng khat ahung um a huleh damlou chu ahung hoih

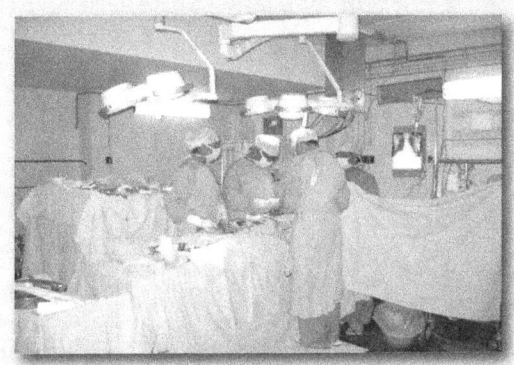

Dr. Paul Ponraj in mi a aatlai (center)

hi. ECG zong ahung hoih hi. Lawite tengteng zong a kiguih va huleh lawi laha membar khat, ginglou khat in na gintaat Pathian in ahung domsang hi. Ahi, a dih hi ginna a na pai chiangin sillimdang lahah na um a huleh buaina tawpna ah na um hi. Hih khanglaipa a keeng neukhat pawm chihlouh lungtang lam a buaina bangmah nei lou in damdawi inn apat in a pawtdoh hi. Haamteikhawmna hun ah ama'n hinna nihna a tan jiahin Pathian na a tong diing chiin a phuang hi.

Extraordinary Things apat kiladoh

Bung 6 — Ginna

> Ginna kimuanna bukim i neih uleh,
> Pathian silbawltheihna i koukhethei uhi
> dinmun ahithei hetlou hunah zong.

Lungtang chitah leh ginna kimuanna bukim

Ginna leh chihtahna kikal kizopna

Ginna kimuanna bukim toh ngen in

Abraham ginna kimuanna bukim lungtang chitah toh

Lungtang chitah leh ginna kimuanna bukim

Ginna etkhiahnate

Pakistan chialpina

"...Sialephaheetna hoihlou apat i lungtang uh thehsianga umin, i sapum u'zong tui chiima sila umin, huleh ginna heetchianna lungtang dihtah toh i naih diing uhi."

———————

(Hebraite 10:22)

Mite'n Pathian apat in buuhna tuamtuam in dawnnate a tang uhi. Khenkhatte'n khatvei a nget mei un ahihlouhleh a lungtang va lunggulhna a neih uleh a dawnna a muh laiun a dangte'n ni tampi haamteina leh anangawlna a neih uh a ngai hi. Mi khenkhatte in, ginna a haamteina tungtawn in chiamchihna a bawl va, mial silbawltheihna a thunun va huleh damloute a sudam uhi. A lehlam ah, mi khenkhatte'n ginna toh a haamtei va, hizongleh a haamteina uh tungtawn in chiamchihna ahihlouhleh silmah a mu sih uh a chi uhi.

Mikhat Pathian a gingtu himahleh natna a thuaah a huleh a haamtei leh, a ginna a kivelchian a ngai hi. Bible a thute chu thudih a kiheng ngeilou ahi, huleh huchiin koipouh in ginna Pathian in A heetpih a neih leh, a nget taphot a mu thei hi. Jesu'n Matthai 21:22 ah hichiin a chi hi, "Huleh haamteina a silbangkim na nget taphot, gingta in, na mu diing hi." Tuin, bang jiah ahiai mite'n Pathian apat dawnna buuhna tuamtuamte a, a tan theih uh?

Lungtang chitah leh ginna kimuanna a dim

Hebraite 10:22 in hichiin a chi hi, "Sialephaheetna hoihlou apat i lungtang uh thehsianga umin, i sapum u'zong tui chiima sila umin, huleh ginna heetchianna lungtang dihtah toh i naih diing uhi." Hitaha lungtang chitah chu dihtatalouhna umlou lungtang dihtah chihna ahi. Hikhu lungtang Jesu Khrist lungtang suun ahi.

Mawltaha koih in, ginna kimuanna bukim chu ginna bukim ahi. Hikhu chu Bible a bu 66 a thu umte zousiah ginlelhna um keei lou a gintaatna leh Pathian thupiaahte zousiah kepna diinga gintaatna ahi. Lungtang chitah i neihna chiangchiang va ginna bukim i nei thei uhi. Lungtang dihtah neite kiphuanna chu ginna kiphuanna dihtah ahi. Pathian in hih mite haamteina kintahin A dawng hi.

Mi tampite'n Pathian maiah a ginna uh a phuangdoh va, hizongleh a kiphuanna va a chihtahna uh a chituam veh hi. Mi a ginna kiphuanna uh 100% a dih a um hi ajiahchu a lungtang uh 100% a chitah ahih laiin khenkhat a ginna kiphuanna uh 50% chauh dih a um hi ajiahchu a lungtang 50% chauh a chitah hi. Mikhat lungtang chu 50% chauh a chihtah leh, Pathian in, "A kimkhat chauh na hung muang hi," A chi diing hi. Mikhat ginna kiphuanna a chihtahna um chu mikhat ginna buuhna Pathian in A phawh chiang ahi.

Ginna leh chihtahna kikal kizopna

Midangte i kizopna vah, midang i muang uh i chihna uleh amah i muanna chiang uh a kikhe mahmah meithei hi. Etsahna diingin, nute a tate uh inn a nusia a, a pawt chiangun, bang a soi viai? Hichiin a chi meithei uhi, "Nana thuman va huleh inn a nana um diing uh. Tate, ka hung muang ahi." Tuin, nu in a tate a muang tahtah nai?

Nu in a ta a muan tahtah leh, "Ka hung muang" a chih a ngai sih hi. Hichiin a chi meimei hi, "Huhun in ka hung tung diing." Hizongleh a ta a muanhuai louhleh neukhat a behlap hi. Hichiin a behlap meithei hi, "Ka susiang zou chet hi, hujiahin inn chu susiang in. Ka kicheina vanzattte ana khoih sin, huleh an huanna mei ana khoih sin." Nuammoh a sah tengteng a soi a banban in a gual a huleh a pawtdoh ma in a ta kawmah a soi hi. "Ka hung muang hi, hujiahin ka thusoite ngaikhia in…"

A muanna zah a tawmzawsem leh, a ta kawma a bawl diing a

hilh zoh nung nasan in, inn lam a kou diing a ta in bang a bawl ei chih a kan diing hi. Hichiin a dong hi, "Tuin bang na bawl ei? Sil tengteng a hoihna maw?" chiin huleh a ta in bang a bawl ei chih a kan diing hi. A ta a muang a chi a hizongleh a lungtang ah a muang veh thei sih hi. Nulepate'n a tate uh a muanna zah uh a kibang veh sih hi.

Tate khenkhat sangin a ta dangte chu a chihtahna uleh a muanhuaina zil in na muang thei diing hi. A nulepate uh thu a man gige va ahihleh, a nulepate'n 100% in a muang thei uhi. Hih nulepate'n, "Ka hnng muang" a chih chiangun, a dih ahi.

Ginna kimuanna bukim toh ngen in

Tuin, ta khat, a nulepate'n 100% a muan uh khat in, silkhat a nget leh, a nulepate'n a sil nget a pepah meithei uhi. "Bang diing na chih ahiai?" "Tua poimoh tahtah maw?" chiin a dong sih uhi. 'A poimoh beehseeh jiah a nget ahi. Bangmah a zangthaang sih diing," chia ngaihtuahin a deih chu a pe ngal thei uhi.

Hizongleh a nulepate'n muanna buuhna bukim a neih louh uleh, a ta uh ngetna jiah kichiantah a heetsiam chiangun a pe pan diing uhi. A muanna uh a tawm leh, a ta uh thusoi a gingta tawm va huleh a ta uh sil nget a pe ut sih diing uhi. A ta un a nget teitei leh, a nulepate un khatveivei a pia uhi, a gintaat jiah uh hilouin, hizongleh a ta un a hah nget beehseeh jiahin.

Hih paidan chu eimah leh Pathian kikal ah zong a dih hi. Lungtang chitah na nei ei huchia Pathian in na ginna 100% Pathian in a phawhpha a hichia A soi, "Ka tapa, ka tanu, kimuanna bukim toh Kei na hung gingta hi?"

Eite chu suun leh zaan a hah nget a i nget jiah va Pathian in ahung piaahte i hihlouh diing uh ahi. Sil zousiah a thutah a i pai jiah va, mohpaihna diing bangmah i neih louhna jal va i nget taphot mute i hi diing uh ahi (1 Johan 3:21-22).

Abraham ginna kimuanna bukim a lungtang chitah toh

Abraham ginna pa ahung hihtheihna jiah chu lungtang dihtah leh ginna kimuanna bukim a neih jiah ahi. Abraham in Pathian thuchiam a gingta a huleh bangtobang dinmun ah zong a ginglel ngei sih hi.

Pathian in Abraham A chiam a, kum 75 ahih in, amah tungtawn in nam thupitah ahung kisiamdoh diing chiin. Hizongleh huh hun a kipat kum 20 val, ta a nei sih hi. Kum 99 ahih in huleh a zi Sarah 89 ahih hin, nau nei diinga teeh talota ahung hih nung un, Pathian in kum khat zoh chiangin ta a nei diing uh A chi hi. Romte 4:19-22 in a dinmun a hilhchian hi.

Hichiin a chi hi, "Huleh ginna-a haatlou louin, a sapum sisa banga um leh, amah chu kum zakhat veel diing mi ahi a, Sarah chih zong a ngaihtuah sih hi; Ginlelhna jalin Pathian thuchiam tahsanglouin a um sih a; ginna ah a haat a, Pathian a paahtawi hi. Huleh thu ama'n a chiam phot chu a taangtungsah thei ahi chih hein a gingta tinten hi. Hujiahin a ginna chu a dihtatna a ngaih ahita hi."

Hikhu mihing hihtheihna toh hithei keeilou silkhat himahleh, Abraham in a ginglel keei sih a hizongleh Pathian thuchia chu a gingta veh a, huleh Pathian in Abraham ginna A he hi. Pathian in tapa, Isaak, chu a kum kiit in, A chiam dungjuiin, A neisah hi.

Hizongleh Abraham chu ginna pa ahung hihtheihna diingin, etkhiahna khat a um nalai hi. Abraham in kum 100 a hih in Isaak a nei a, huleh Isaak chu hoihtahin ahung khanglian hi. Abraham in a tapa a lungsiat mahmah hi. Hi hun ah, Pathian in Abraham chu Isaak chu halmang sillat a bawngte ahihlouhleh belaamte halmang sillat a, a kilat banga pe diingin A ngen hi. Thuhun Lui hunte ah a vun a lip va, a semnen va, huleh halmang sillat in a pia uhi.

Hebraite 11:17-19 in hoihtahin Abraham in hih hun ah bangchidan a gamtaang ahiai chih a hilhchian hi, "Ginna in Abraham in, ze-et a, a um in, Isaak a laan a; thuchiamte tangpa'n a tapa neihsun alaan hi. Isaak ah na haahte a kichi diing, kichipa ngeei chu. Pathian in misi laha patin zong akaithou thei hi chia geelin; hua kipanin etsahnain muh zong a mukiitta ngeei hi (Hebraite 11:17-19 ESVUK).

Abraham in Isaak maitaam ah a khit a, huleh a tapa tem a sun diingin a kisa hi. Hulaitahin, Pathian apat angel khat ahung kilanga huleh hichiin a chi hi, "Huleh ama'n, Naupang tungah na khut ha sinla, bangmah zong loh sin: ajiahchu kei apata na tapa, na tapa tang neih zong na hawilouh jiahin Pathian na lau chih tuin ka heta hi, a chi a." (Siamchiilbu 22:12). Hih etkhiahna tungtawn in, Abraham ginna bukim chu Pathian in A he a huleh amah chu Ginna Pa hihna diingin chitna nei in chetin a um hi.

Abraham ginna kimuanna bukim lungtang chitah toh

Kinepna ka neih louh hun khat a um a huleh sih diing chauh ngaah in ka um hi. Hizongleh ka sanggamnu in biahinn ah ahung pui a huleh Pathian inn siangthou a khupdin jiahin meiin Pathian silbawltheihna jalin ka natna zousiah apat a suhdam in ka um hi. Hikhu chu ka sanggamnu'n keia diinga ahung haamteisahna leh an a ngawlna jal ahi.

Pathian apat lungsiatna leh khotuahna dimlet ka tan jiahin, Amah toh kihe ut mahmah hi. Pathian Thu heetna diinga biahna kikhopna chi tengteng tungah halhthahna kikhopnate tampi ah ka tel hi. Tahsa a natoh poimohna innbawlna mun a na ka toh vangin, jingkal tengin phalvaah haamteina kikhopna ah ka tel zing hi. Pathian Thu ngaihkhiaah leh A deihzawng ka hihtheih tawp a zil chauh ka ut hi.

Pastorte'n Pathian deihzawng ahung hilh chiangun, ka mangpah hi. Pathian ta khat diinga nahzial teep leh zudawn a dih sih chih ka za a, hujiahin nahzial teep leh zudawn ka khawl ngal hi. I sawmakhat leh thohlawmte i piaah uh a ngai chih ka za a, tuni tannin Pathian kawmah pellouin ka pia hi.

Bible ka hung sim toh kiton in, Pathian bang ahiai ka bawl diing chih leh Pathian bang ahiai ka juih diing chia ahung hilhte ka bawl hi. Bible in bawllou diinga ahung chihte ka bawl sih hi. Bible in paihmang diinga ahung hilhte silte paihmangna diingin ka haamtei a huleh an nasan ka ngawl hi. Paihmang a baihlam louh leh, a paihmangna diingin an ka ngawl hi. Pathian in Pathian khotuahna ka dit kiit theihna dinga ka panlaahna ahung ngaihtuahpih a huleh ginna luultah ahung pia hi.

A ni a ni in Pathian a ka ginna ahung det semsem hi. Etkhiahna ahihlouhleh hahsatna khat pouhpouh ah Pathian ka ginglel ngei sih hi. Pathan Thu manna gah in, ka lungtang chu dihlouhna neilouin lungtang chitah ah a kiheng hi. Hikhu chu Lalpa lungtang tobang sem ahung hihna diingin lungtang hoih leh siangthou in ahung kiheng hi.

1 Johan 3:21 a kisoi, "Deihtahte, i lungtang in ahung mohpaih louh leh, Pathian maiah kimuanna i nei uhi," bangin Pathian kawmah ginna kimuanna toh silkhat pouhpouh ka ngen a huleh dawnnate ka tang hi.

Ginna etkhiahnate

Huchi ahihlaiin, February 1983 in, biahinn hon nung ha 7 zoh in, ka ginna etkhiahna liantah khat a um hi. Ka tanu thumte leh khanglai khat Kiginni jingkal baihtah khat in 'carbon monoxide' huih hoihlou namkha a buai in ahung um uhi. Hikhu chu Ziltawpni zaankhovaah kikhopna zoh chet ahi. A hin kiit diing uh a hithei lou tobang in a lang hi ajiahcu zaankhovaah phial in huih hoihlou a namkha uhi.

A mittang uh a kihei a huleh a kam va a phuan ahung pawtdoh hi. A sapumte vah tha a um sih a huleh a kikhai hi. Kouhtuam membarte biahinn tuang ah ka sialsah a, maitaam ah ka paitou a, huleh Pathian kawmah kipaahthusoina ka laan hi.

"Pa Pathian, ka kipaah hi. Nangin Na pia a Na la kiit hi. Lalpa ang a ka tanute nana laah jiahin ka kipaah hi. Pathian, mittuite, dahna, ahihlouhleh natna um louhna mun Na lalgam a amahuh na laah jiahin Ka kipaah hi."

"Hizongleh hih khanglaipa chu kouhtuam membar meimei khat ahi a, hung suhing kiit diingin ka hung ngen hi. Na min suse diinga hih siltung ahih ka deih sih hi.

Hitobanga Pathian kawma ka haamtei nung, khanglaipa a diingin ka haamtei masa a, huleh a banban in ka tanu thumte a diingin ka haamtei hi. Huin, amahuh diinga haamtei zoh minit tamlou nungin, ka haamteidan dungjuiin khoheetna siangtah toh a li un ahung dingdoh uhi.

Pathian ka muan a huleh lungsiat tahtah jiahin, kipaahna haamteina chu ka lungtang nuammohsahna ahihlouhleh dahna bangmah um louin ka laan a, huleh Pathian chu hih haamteina in a khoih a huleh sillimdang thupitah ahung tangsah hi. Ka membarte un hih siltung tungtawn in ginna thupizaw a nei uhi. Ka ginna chu Pathian in a lianzosem in ahung heetpih a huleh Pathian apat in silbawltheihna thupizaw ka tang hi. Chihchu, huih hoihlou nohdohdan ka zildohta hi, hikhu hinna sil hi sih mahleh.

Ginna etkhiahna a um chiangin, Pathian a ginna kihenglou i latsah uleh, Pathian in i ginna uh ahung heetpih diinga huleh gualzawlnate toh lawmman ahung pe diing hi. Meelmapa dawimangpa leh Setan in zong ahung mohtan thei sih diing hi ajiahchu amahun zong i ginna uh ginna dih ahi chi a mu diing uhi.

Huhun a kipat in ze-etna tengteng ka zou thei a, lungtang chitah leh ginna bukim toh Pathian lam ka naih sem gige thei hi. Hun tengin, tunglam apat in silbawltheihna thupisem ka tang hi. Hitobang a Pathian silbawltheihna hung kipiaah toh, Pathian in 2000 kum a kipan in tuipigal ah chialpina tampi ahung neisah hi.

1982 a ni 40 anngawlna ka neih laiin, kouhtuam ka hon ma in, Pathian in kipaahtahin A pom a huleh Khovel pumpi Tanchinhoih Soina natoh leh Biahinn Lian Bawlna natoh ahung pia hi. Kum ngaa ahihlouhleh kum sawm zoh in, huh natohte zoh theihna diing lampi ka mu sih hi. Ahihvangin, Pathian in ahung suhbuchingsah diing chih ka gingta nalai a huleh hih natohte a diingin ka haamtei zing hi.

Kouhtuam kihon ban kum 17 sung, Pathian in Pathian silbawltheihna limdang kilatna tuipigal chialpina lianpipite tungtawn in khovel a tanchinhoih soina natoh ahung tongdohsah hi. Uganda a kipan in, Japan, Pakistan, Kenya, Philippines, India, Dubai, Russia, Germany, Peru, DR Congo, United States, huleh Israel nasan ah, tanchinhoih soi diing a tahtah a hitheilou munte ah ahung neisah hi. Huleh suhdamna natoh thupitahte a tung hi. Mi tampi Hindu leh Islam sahkhote apat in a kiheng uhi. Pathian nasatahin ka paahtawi uhi.

A hun ahung tuntahin, Pathian in lehkhabu tampi lehkhasutdohna tungtawn in tanchinhoih soina diingin haam tuamtuam in ahung sundohsah ahi. Ama'n Khristian TV channel Global Christian Network (GCN) kichi, huleh Khristian damdawi lam daktorte kipawlkhawmna, World Christian Doctors Network (WCDN) kichi, a bawna Pathian silbawltheihna ka kouhtuam va kilang natohte thehdalhna diing ahung phutdohsah hi.

Pakistan chialpi

Tuipigal chialpi ah ginna toh ka zoh siltung tampi a um a, hizongleh a biihtahin October, 2000 a kibawl Pakistan chialpi toh kisai ka soi nuam hi.

Chialpi kigawm neihni in, thunatongtute khawmpi ka nei uhi. Solkal apat phalna ka neih vangun, jingkal a ka va chiah uleh khawmpi neihna mun diing ana kikhaah hi. Pakistan mipi a tamzaw chu Muslim ahi uhi. Khristiante kikhopna dal in gamnuaimite vauna a um hi. Ka khawmpi diinguh nasataha taangkoupih ahihjiahin, Muslimte'n ka chialpi uh ahung suhbuai sawm uhi.

Hujiahin solkal in a ngaihdan uh thakhatin ahung heng va, a mun zat diing phalna a thulh kiit va, huleh mipi khawmpi a hung tel diinga hung paikhawmte a daal uhi. Ahihvangin, ka buai sih ahihlouhleh ka lungsim ah limdangsahna a um hi. Huchih naahsangin, ka lungtang khoih in a um a, hichiin ka chi hi, "Tuni suun a khawmpi kipan diing ahita hi." Policete'n kotkhaah a daal chiangun ka ginna ka phuangdoh a huleh solkal lama vaihawmte'n a lungsim uh heng diingin a lang sih hi.

Pathian in silte hichibangin ahung um chih a he malawh a huleh Pakistan solkal a 'culture and sports minister' hikhu buaina suveng diingpa ana kisingsasah hi. Amah chu Lahore a natoh toh kisai a um ahi a, huleh Islamabad a kileh diinga lennaphual lam a zot laiin, ka dinmun uh toh kisai ana za huleh police department leh gamsung solkal vaihawmtute a kou a, huchiin kikhopna chu ahung hithei hi. A pai di hun nasan a vaigeisah a huchia amah hung khawmpi umna diing mun ahung veh theihna diingin.

Pathian natohna limdangtah jalin a mun kotkhaah ahung kihong a, huleh mi tampite'n kipaahna thawm leh kikou in ahung delh uhi. Nehnou leh mittui luang pum in kipaah in a kikawi va, Pathian loupina a piaah uhi. Huleh, hikhu chu suunlai chet ahi!

A jingni in, chialpina ah, Pathian silbawltheihna loupitaha chu Pakistan khangthu a diinga mipi tamnapen laha ahung kilang hi. Hikhu in Middle East ah missionari natohna kot zong a hong hi. Huhun a kipat in, mipi tamnapen leh Pathian natohna silbawltheihna tamnapen chialpi a ka chiahna gam chih vah nasatahin Pathian ka paahtawi uhi.

'Chabi lian' i neih leh kot khatpouhpouh i hon theih mahbangin, ginna bukim i neih uleh, dinmun hitheiloupen mai ah Pathian silbawlthcihna i koukhe thei uhi. Huchiangin, thakhat in buaina tengteng i suveng thei uhi.

Huleh, tuahsiatna, siatna, ahihlouhleh natna kilohtheihte um mahleh, lungtang chitah leh ginna bukim toh Pathian i naih uleh chauh Pathian in ahung veengbit thei hi. Huleh, thunei mite ahihlouhleh mi giloute'n a siltup utoh hung kaihngiam sawm mahleh uh, lungtang dihtah leh ginna bukim na neih leh, Daniel humpibahnei kul a venbit a um bangin Pathian na phat thei diing hi.

2 Khangthu 16:9 bullam in hichiin a chi hi, "LALPA mitte leitung zousiah ah a vaah lehleh a huchiin Ama'n lungtang Amah hite naahtahin A panpih hi." Pathian tate nasan in a hinkhua buaina neu leh lian chi tampi a tuaahkha uhi. Huh hunte ah, Pathian in Amah a kinga a, ginna bukim toh haamtei diingin A lamen hi.

Pathian kawma lungtang dihtah toh hung paite'n a sualna uh ahung kilatdoh chiangin a sualnate uh a veh in a kisiih diing uhi. Khatvei a sualnate uh ngaihdam ahih kalsiah, kimuanna a tang va, huleh ginna kimuanna bukim toh Pathian lam a naih thei uhi (Hebraite 10:22). Hih paidan na hung heet va huleh lungtang chitah leh ginna bukim toh Pathian lam naih a, huchia haamteina a na nget photmah uh dawnna na muh uh chu Lalpa mina a ka haamteina ahi.

Bible a
Etsahnate II

Vaangam thumna leh ning thumna munawng.

Vaangam thumna chu vaan lalgam umna ahi.
Vaangam thumna hihnate nei munawng chu 'ning thumna munawng' a kichi hi.

Nipi laia ahung sat a huleh ahung lum chiangin, hikhu chu 'tropical' mun a bang i chi hi.

Hikhu chu 'tropical' mun a huih sa leh lum huh mun ah ahung kitawl chihna ahi sih hi.

Hutaha khohun in 'tropical' munte a khohun hihna kibangte a nei uh chihna meimei ahi.

Huchi mahbangin, vaangam thumna a silte vaangam khatna (i tenna muhtheih mun) a, a tun zongleh, hikhu chu vaangam thumna munawng a silkhat vaangam khatna a hung umdoh chihna ahi sih hi.

A dihtahin, vaan sepaihte, angelte, ahihlouhleh zawlneite vaangam khatna a ahung khualzin chiangun, vaangam thumna toh hung kizopsah kotkhaahte ahung kihong diing hi.

Vaanlam a khualzinmte hapi-pai ahihlouhleh munawng-paina diing munawng puansilh a kivan diing uh ahh bangin, vaangam thumna a silhingte vaangam khatna a ahung kumsuh chiangun, ning thumna munawng a 'silh' uh a ngai hi.

Bible a pate khenkhat in zong vaangam thumna munawng a chiamkha uhi. Hute chu angelte ahihlouhleh LALPA angelte a kilat a huleh hute'n a panpih chiangun ahi.

Peter leh Paul te suangkul apat hahdoh ahi uh

Silbawlte 12:7-10 in hichiin a chi hi, "Huleh ngai in, Lalpa angel khat a kawmah ahung a, suangkul sungah vaah ahung taangta a; huleh Peter chu a pang beengin a phawnga, Thoukin in, a chi a, Huleh khainiangte a khut apat a keta hi. Huin angel in a kawmah, Na kawng gaah inla, na keengtophah but in, a chi a. Huleh ama'n huchibangin ahih a. Huin angel in a kawmah, Na puan silh inla, hung juiin, a chi a. Huin Peter chu a pawt a, a juita a; angel silbawl chu atah ahih a he sih a; manglama a muh sa zaw hi. Veengtu masa leh a nihna a pelh nungun, khopi luutna siihkot chu atung tava; Huchu amahuh diingin amahin ahung kihongta hi; huleh a pawt va, kotzing khat a paipeel va; huin angel in a paisanpahta hi."

Silbawlte 16:25-26 in hichiin a chi hi, "Huleh jaankhang laiin Paul leh Sila chu a haamtei va, Pathian kawmah phatna la a sa va; huleh, mitaangte in a ngaikhia uhi. Huleh thakhatin jil nasatahin ahung kiliinga, huchiin, suangkul innbulte chu a kiliing gawpa; huleh kotkhaah zousiah kihongpahin, michin kolbuhte ahung kiphel veh ta hi."

Peter leh sawltaah Paul te bangmah mohna umlou a, tanchinhoih a soi jiah giap va, suangkul a khum a, a um laiin siltung a um ahi. Tanchinhoih a soi jiahun soisat in a um va hizongleh a phunchia het sih uhi. Hizongleh Pathian a phat zawh va huleh Lalpa min a, a thuaah theihna tung va a kipaah uhi. Vaangam thumna dihtatna dungjuia a lungtang a dih jiahin, Pathian in amahuh hahdohna diingin angelte A sawl hi. A kikaanna uh ahihlouhleh siih kotkhaahte chu angelte a diingin a poitham sih hi.

Daniel humpibahnei kul apat a suaahta hi

Daniel chu Persiam lalgam a 'prime minister' ahih laiin, amah thangsia khenkhatte'n amah suhsiatna diing lampi a guanggalh uhi. Hukhu jiahin humpibahnei kul ah khum in a um hi. Hizongleh Daniel 6:22 in hichiin a soi hi, "Ka Pathian in a vaansawlleh ahung sawl a, kei ahung suhnat louhna diingun humpibahneite kam a chihsahta hi: amah ma-a mohnabeia ka um jiah leh nangmah ma-a zong, O kumpipa, silpoi ka bawl louh jiahin." Hitahah, 'Pathian in vaan sawllehte ahung sawla huleh humpibahnei kam a chihsahta hi,' kichi in vaangam thumna munawng in amahuh a tuam hi chihna ahi.

Vaangam thumna a vaan lalgam ah, gantate leitunga huham mahmahte, humpibahnei chihte nasan zong a huham sih va hizongleh a nunnem uhi. Hujiahin, hih leitung a humpibahneite zong vaangam thumna munawng in a tuam chiangin a dihtahin ahung nunnem uhi. Hizongleh huh munawng laahdoh ahihleh, a huhamna vah a kilehkiit diing uhi. Daniel 6:24 in hichiin a chi hi, "Huleh kumpipa'n thu apia a, Daniel heeh mite ahung puuiva, amahuh chu a tate u'toh, a jite u'toh, humpibahnei kul sungah a paailut ta uhi; huleh humpibahneite'n amah u'chu adeihguattahun anabawlva, a guh zousiah uh asuhtansah vehva, kul tolam zong atung man sih uhi."

Pathian in Daniel in sualna a neih hetlouh jiahin A veengbit hi. Migiloute'n amah ngohna diing a hawl va, hizongleh bangmah a mu sih uhi. Huleh, a hinkhua vau in um mahleh a haamtei thouthou hi. A natohte zousiah chu ning thumna dihtatna dungjuiin a dih a, huleh hikhu jiahin ning thumna munawng in humpibahnei kul a tuam a huleh Daniel chu a sunhat in a um keei sih hi.

Bung 7 — Kei koi na hung chi viai?

> "Nang chu Khrist, Pathian hing Tapa Na hi."
> Ginna thuphuan na lungtang thuuhpen
> apat na chih leh,
> na natoh a juih diing ahi.
> Pathian in hutobang kiphuanna bawltute A gualzawl.

Muuh a kiphuanna poimohna

Peter tui tungah a pai

Peter in vaangam chabi a tang

Peter in gualzawlna limdangtah a tanna jiah

Jesu chu na Hundampa ahi chih na gintaat leh Thu jui in

Jesu mai a dawnna muhna diingin

Muuh a kiphuanna tungtawna dawnnate mu

Ama'n chu a kawmvah,
"Ahihleh nangun koi ahi na hung chi viai?" A chi a.
Huin Simon Peter in a dawnga, "Krist, Pathian hing Tapa chu na hi," a chi a. Huleh Jesu'n a dawnga, a kawmah, "Simon Bar-jona na hampha hi, ajiahchu sa leh sisanin ahung heetsah na hi siha, vaana um ka Pa hung heetsah ahi zaw hi. Huleh ken zong na kawmah, Nang Peter na hi, chih ka hung hilh ahi; huleh hi suangpi tungah ka kouhtuam ka lemdoh diing hi; huchu misi kulh kotkhaahte'n bangmah a lohbut sih diing. Huleh na kawmah vaan gam chabite ka hung pe diinga, leia na kaan photmah chu vaan ah kaan ahi diinga, huleh leia na phel photmah chu vaan ah phel ahi diing," A chi hi.

―――――――

(Matthai 16:15-19)

Nupa khenkhatte, a nupa hinkhua pumpi vah, "Ka hung lungsiat," a kichi vaang mahmah uhi. I dot a ahihleh, lungtang a poimoh hi a chi thei jel va, huleh hun zousiah a, a soi uh a ngai sih hi. A dihmah ahi, a lungtang chu muuh a phuan meimei sangin a poimohzaw hi.

Bangzahvei "Ka hung lungsiat," chi mahzonglei, i lungtang vapat i lungsiat louh uleh, hih thute chu pannabei ahi. Hizongleh i lungtang va i vom uh khu soidoh lei hoihzaw lou di a diai? Hagaulam, hitobang thou ahi.

Muuh a kiphuanna poimohna

Romte 10:10 in hichiin a chi hi, "...ajiahchu mikhat in a lungtang toh a gingta a, dihtanna a hung gahkhia, huleh a kam in a kiphuang a, hutdamna ah ahung gahkhia hi."

A dihtahin, hih chang in a soipipen chu i lungtang utoh i gintaat diing uh ahi. I muuh va "ka gingta" chih chauh toh hutdam i hi thei sih va, hizongleh lungtang apat gintaatna toh. Ahihvangin, i lungtang va i gintaat uh i muuh utoh i phuandoh diing uh a ngai nalai hi. Bang jiahin?

Hikhu chu muuh a kiphuanna jui natohte poimohna hilhna diing ahi. A gingta uh chia kiphuang a, hizongleh a lungtang va ginna neilou a muuh chauh toh bawlte'n ginna chetna, a natoh uh ahihlouhleh ginna natohte chetna a langsah thei sih uhi. Chihchu, Pathian in bawl in a chihte a bawl va, bawllouh diing Pathian A chihte a bawl sih uhi, huleh Pathian in juih diing A chihte a jui va, huleh Pathian in paihmang diing a chihte a paihmag hi.

Hujiahin Jakob 2:22 in hichiin a chi hi, "Ginna in a silbawlte toh a tongkhawma, huleh silbawlte jiahin ginna chu a bukimta ahi chih na mu hi." Matthai 7:21 in zong hichiin a chi hi,

"Lalpa, Lalpa, hung chi nazong vaan gamah a luut sih diing uh; Hizongleh ka Pa vaana um deihzawng bawlte chu a luut diing uhi." Chihchu, Pathian deihzawng i juih chiang chauhun hutdam i hi thei uh chih latsah ahi.

Lungtang apat hung kuan ginna thupuan na bawl leh, hikhu natoh in a juih diing ahi. Huchiangin, Pathian in hikhu ginna dihtahin A pom a huleh ahung dawng in huleh gualzawlna lampi ah ahung pui diing hi. Matthai 16:15-19 ah, Peter in hutobang gualzawlna limdang chu a lungtang thuuhtah apat a hung pawtdoh ginna kiphuanna tungtawn in a tang chih i mu uhi.

Jesu'n a nungjuite kawmah, "Kei koi na hung chi viai?" chiin a dong uhi. Peter in a dawnga, "Nang Khrist na hi, Pathian hing Tapa." Hutobang a ginna kiphuanna limdangtah bawl thei ahiai?

Matthai 14 ah, Peter in kiphuanna chiamtehtham khat a bawlna dinmun toh kisai i simkha uhi. Hikhu chu Peter tuitung a, a pai lai ahi. Mikhat tui tunga pai kichi mihing heetna ah heetsiam hahsa khat ahi. Jesu tui tunga pai kichi amaha sil limdangtah ahi, huleh Peter tui tunga pai kichi in i ngaihtuahna a la mahmah hi.

Peter tui tungah a pai hi

Hulaiin, Jesu chu a tangin taang ah A haamtei hi, huleh zaankim laiin, A nungjuite kuang a um A zuan hi, tui kifawn lahah. Nungjuite'n siha a sa uhi. Tuipi lailung a zaan mial nuai a mikhat hung zuan mei chih ngaihtuah sin in! Nungjuite chu lau in kikoudoh ui.

Jesu'n hichiin A chi hi, "Hangtahin um un, Kei ka hi; lau sih un." Huleh Peter in a dawng a, "Lalpa, Nang na hih leh, kei zong tui tunga pai diingin thu hung pia in." Jesu'n "Hung in!" A chi a huleh huchiin Peter chu kuang apat in a pawtdoh a, tui tungah a pai a huleh Jesu lam a zuan hi.

Peter chu tui tungah a pai thei hi hizongleh hikhu chu a ginna a bukim jiah ahi sih hi. Hikhu chu a lauhna apat in i he thei va huleh huihpi a muh chaingin a lauta hi. Jesu'n A banphei a huleh a man a huleh hichiin a chi hi, "Ginna tawmpa aw, bang diinga ginglel na hiai?" Ginna bukim hilou hitaleh, bangchidana Peter tui tunga pai thei ahiai?

A ginna toh bawl theihlouh himahleh, Jesu, Pathian Tapa, a lungtang ah a gingta a huleh Amah a he a huchiin tomkhat tui tungah a pai thei hi. Hih mun ah, sil poimoh mahmah khat i hedoh thei hi: Lalpa a i gintaat a huleh Amah i phawh chiangin muuh toh phuandoh a poimoh hi.

Peter tui tunga a pai masang in, hichiin a phuangdoh hi, "Lalpa nang na hih leh, tui tunga pai diingin thu hung pia in." A dihtahin, hih kiphuanna chu a bukim i chi thei sih uhi. A lungtang a 100% Lalpa gingta hileh, hichiin ana phuangdoh meithei hi, "Lalpa, bangkim na bawl thei hi. Na kawma tui tunga hung pai diingin hung hilh in."

Hizongleh, Peter in a lungtang thuuhpen apat kiphuanna bukim bawl diingin ginna kiningching a nei sih a, hichiin a chi hi, "Lalpa, Nang na hih leh." Ama'n bangchizawng ahakhat in a chetna a ngen hi. Huchi pum in zong, Peter chu hikhu soi in kuang sunga nungjui dangte apat a chituamta hi.

Nungjui dangte lau a, a kikou laiun ama'n Jesu a phawh phet in a ginna kiphuanna a nei hi. Peter in Jesu a gintaat a huleh a phawhdoh a huleh a lungtang thuuhtah apat a Lalpa ahi chia a phuan chiangin, amah chauh ginna leh silbawltheihna a hitheilou, tui tunga paina sil limdang hutobang a tuaahkha thei hi.

Peter in vaangam chabite a tang hi

A tunga siltuaah tungtawn in, Peter in a tawp in a ginna kiphuanna bukim a bawl hi. Matthai 16:16 ah Peter in, "Nang Khrist, Pathian hing Tapa na hi." Hikhu chu tui tunga a pai laia a bawl khu toh kibanglou kiphuanna ahi. Jesu'n a natoh laiin, mi zousiah in Amah chu Messiah hi in a gingta un a hedoh sih uhi. Khenkhatte'n Amah a thangsia va huleh thah a tum uhi.

Khenkhat 'Amah chu a ngol ahi,' 'Beelzebub in a mat ahi,' ahihlouhleh 'Dawite kumpipa ahihjiaha dawite nohdoh ahi,' chia zuau thu thehdalh a thutankhum leh mohpaih tum zong a um hi.

A ban ah, Matthai 16:13 ah, Jesu'n A nungjui A dong a, "Mite'n Mihing Tapa chu koi ahi a chi viai?" Amahun a dawng va, "Khenkhatte'n Baptistu Johan; huleh khenkhatte'n, Elijah; hizongleh a dangte'n Jeremiah, ahihlouhleh zawlnete laha khat." a chi uhi. Jesu toh kisai in thuthang hoihlou zong a um hi, hizongleh nungjuite'n a soikha sih va hizongleh sil hoihte chauh a soi uhi huchia Jesu a hasot theihna diingun.

Tuin Jesu'n A dong kiit hi, "Kei koi na hung chi viai?" Hikhu dawng masapen chu Peter ahi. Matthai 16:16 ah hichiin a chi hi, "Nang chu Khrist, Pathian hing Tapa na hi." A nuai a changte ah Jesu'n Peter kawmah hutobang gualzawlna thu A pia hi.

"Huleh Jesu'n A dawnga, a kawmah, Simon Bar-jona na hampha hi, ajiahchu sa leh sisanin ahung heetsah na hi siha, vaana um ka Pa hung heetsah ahi zaw hi" (Matthai 16:17).

"Huleh ken zong na kawmah, Nang Peter na hi, chih ka hung hilh ahi; huleh hi suangpi tungah ka kouhtuam ka lemdoh diing hi; huchu misi kulh kotkhaahte'n bangmah a lohbut sih diing.

Huleh na kawmah vaan gam chabite ka hung pe diinga, leia na kaan photmah chu vaan ah kaan ahi diinga, huleh leia na phel photmah chu vaan ah phel ahi diing, a chi a." (Matthai 16:18-19).

Peter in kouhtuam kibulphuhna hung hihna leh hih tahsalam munawng a hagaulam munawng silte latsahna diing thuneihna tang hihna gualzawlna a tang hi. Hukhu chu a khonunga Peter tungtawn a sil limdang tampite; keengbaite hung pai theihna, misite kaihthohna, huleh khatveithu a mi a sang a simte kisiihna, chihte a tunna ahi.

Huleh, Peter in Anania leh Sapphira Hagau Siangthou heemtute a haamsiat laiin, thakhat in a puuh va huleh a si uhi (Silbawlte 5:1-11). Hih silte tengteng chu a hithei hi ajiahchu sawltaah Peter in silbawltheihna a nei hi huchia ama'n leitunga a kaan taphot vaangam a kaan ahih a huleh leitunga a hah taphat vaangam a phel ahihna diingin.

Peter in gualzawlna limdangtah a tanna jiah

Peter in hutobang gualzawlna limdangtah a tanna jiah bang ahiai? Jesu kawma A nungjuite banga a um laiin silbawltheihna natohna simseenglouhte Jesu tungtawn a kilang a mu hi. Mihingte hihtheihna a hitheilou silte Jesu tungtawn in a tung hi. Mihingte pilna in a hilh theihlouh silte Jesu kam apat in phuandoh ahi. Huchiin, Pathian a gingta dihtah leh a lungtang va hoihna neite in bang a bawl diviai? 'Hikhu chu mi meimei ahi sih a hizongleh Pathian Tapa vaan apat a hung ahi,' chia ngaihtuah in Amah a hedoh sih diviai mah?

Hizongleh hih Jesu mu in, mi tampite'n hu laiin Amah a he sih uhi. A diahin, siampulalte, siampute, Pharisaite, lehkhagialte, huleh lamkai dangte'n amah a he nuam sih uhi.

Hizongleh huchih naahsangin, khenkhatte'n Amah a eng va huleh a thangsia va huleh thah a sawm uhi. Hubanah khenkhatte'n amahuh ngaihtuahna toh Amah a thutankhum va huleh a mohpaih nalai uhi. Jesu'n hutobang mite a hehpih mahmah a huleh Johan 10:25-26 ah hichiin a chi hi, "Ka hung hilhta a, na gingta sih uh; ka Pa mina ka natohte'n ka tanchin ahung heetpih uhi. Hizongleh na kawmva ka soi taah mah bangin ka belaam laha mi nahih louh jiahun na gingta sih uh."

Jesu hun lai nasan in, mi tampite'n Jesu a thutankhum va huleh a mohpaih va huleh Amah thah a tum uhi. Ahihvangin, A nungjuite, Amah umdan en zingte, a chituam uhi. Adihtahin, nungjui zousiah in a lungtang sungnung thuuhtah vah Jesu chu Pathian Tapa leh Khrist ahi chih a gingta un a phuandoh sih uhi. Hiozngleh a gingta va huleh Jesu a he uhi.

Peter in Jesu kawmah hichiin a chi hi, "Nang chu Khrist, Pathian hing Tapa na hi," huleh hikhu chu mikhat apat a zaah silkhat ahihlouhleh a ngaihtuahna a, a heetdoh ahi sih hi. Hikhu a heetna jiah chu ama'n Pathian natohte Jesu toh kijui a muh a huleh Pathian in amah a heetsah jiah ahi.

Jesu chu na Hundampa a na gintaat leh Thu jui in

Khenkhatte'n a muuh un, "Ka gingta," a chi uh ajiahchu khenkhatte'n Jesu i gintaat uleh hutdam i hi uh huleh biahinn i kai uleh suhdam in i um thei va huleh gualzawlna i tang thei uh chia a hilh jiahun. Amahvang, a khatveina diinga biahinn na hung kai chiangin, biahinna na hung kai louh theihna lampi a um hi ajiahchu na he huntawh a huleh na gingta huntawh hi. Biahinn a kai uleh gualzawl leh hutdam in a um thei uh chih za in, mi tampite'n, 'Ka va enkhe mawngmawng sih diaimah,?' chiin a ngaihtuah uhi.

Hizongleh biahinn na kaina jiah bangteng hizongleh, Pathian natoh limdangte na muh nung chiangin a ma a tobang ngaihtuahna na neih keei louh diing ahi. Ginna bangmah na neih louh laia na gingta chih na muuh chauh a na phuan diing ahi sih a, hizongleh Jesu Khrist chu na mimal Hundampa a na pom a huleh na natohte tungtawn a midangte kawma Jesu Khrist thu na soi diing ahi.

Kei dinmun ah, Pathian hing toh kimuh nung leh Jesu chu ka mimal Hundampa a ka pom nung apat in hinkhua chituam keei ka zang hi. Pathian leh Jesu chu ka lungtang ah 100% in ka mimal Hundampa in ka gingta thei hi.

Lalpa ka hinkhua ah ka phawh zing a huleh Pathian Thu ka mang hi. Ka ngaihtuahna, ngaihdante, ahihlouhleh lunggelte ka chi tentun sih a hizongleh bangkim ah Pathian chauh ah ka kinga hi. Thupilte 3:6 a kisoi bangin, "Na lampi zousiah Amah phawh in, huleh Ama'n na lampi ahung suzang diing hi," ajiahchu silbangkim ah Pathian ka phawh a, Pathian in ka lampi zousiah ah ahung mapui hi.

Huchiangin Peter in ana tan tobang gualzawlna limdangtahte ka hung tangpan hi. Jesu'n Peter kawma a soi bangin, "...leitunga na kaan chu vaangam ah kaan ahi diinga, huleh leitung a na phel chu vaangam ah phel ahi diing," Pathain in ka gingtaat a huleh ka nget photmah ahung dawng hi.

Pathian ka phawh a huleh Pathian thu dungjuiin gilou chiteng ka paihkhia hi. Siangthouna dan ka tun chiangin, Pathian in A silbawltheihna ahung pia hi. Damloute tunga ka khut ka ngah chiangin, natnate in ahung nusia a huleh amahuh suhdam in a um uhi. Innsung ahihlouhleh sumhawlna a buaina neite a diinga ka haamteisah chiangin, a buainate uh suhveng in a um hi. Silbangkim a Pathian ka phawh a, ka ginna ka phuandoh a, huleh A Thu juihna tungtawn a Amah ka suhlungkim chiangin, ka lungtang deihzawng zousiah ahung dawng a huleh a dimlet in ahung gualzawl hi.

Jesu maia dawnna muhna diingin

Bible ah Jesu maia mi tampi hung paikhawm i mu a, huleh a natnate uleh damlouhnate uh suhdam ahihlouhleh a buainate suhvengsah ahi. Amahuh lahah Jentel khenkhatte a um va, hizongleh a tamzote chu Judate akhang akhang a Pathian gingtate ahi uhi.

Hizongleh Pathian a gintaat vangun, amahun a buaina uh a kisuhveng thei sih va ahihlouhleh a ginna utoh dawnna a mu thei sih uhi. Jesu maia a hung chiangun a natnate uleh a damlouhnate uh suhdam in a um a huleh a buainate uh suhveng ahi. Hikhu jiah chu Jesu a gingta va huleh a he va huleh a chetna natohte a latsah jiah uh ahi.

Jesu maia a hung sawm va huleh A puansilhte ahung khoih sawmna jiah uh chu Jesu chu mi vaantaang ahi sih a, a ginna uh bukim sih mahleh khatvei Amah maia a hung kalsiah uh a buainate uh suhveng ahi diing chih a gintaatna a neih jiah uh ahi. Amahuh ginna toh buainate suhvengna diing dawnna a mu thei sih uhi, hizongleh a gintaat va, a heet va huleh Jesu maia a hung chiangun dawnna a mu thei veve uhi.

Huchi ahihleh nang bang na chi ei? Jesu Khrist a na gingtaat a, huleh "Nang chu Khrist, Pathian hing Tapa na hi," na chih leh, Pathian in ahung dawng diing hi, na lungtang mu in. A dihtahin, hun bangtan ahakhat biahinn ana kaite ginna kiphuanna chu gingthahte a toh a kibatlouh diing ahi. Hikhu jiah chu mi tuamtuam apat in michih ginna a kinga in muuh a kiphuanna chi tuamtuam A phuut jiah ahi. Naupang kum li heetn a leh mi piching heetna a kibatlouh bangin, muuh a kiphuanna zong a kibatlouh diing ahi.

Ahihvangin, nangmah in hih silte na hedoh thei sih a ahihlouhleh midang khatpouh apat a za in na hedoh mei thei sih hi. Hagau Siangthou nangmah a um in heetsiamna ahung piaah a ngai a, huleh Hagau Siangthou thopna toh na phuandoh a ngai hi.

Muuh a kiphuanna tungtawna a dawnnate mu

Bible ah, mi tampi a ginna uh phuandohna jala dawnna mu a um uhi. Luke bung 18 ah, mittawpa in a gintaat a huleh Lalpa a heetdoh chiangin, A ma ah a hung a, huleh hichiin a phuangdoh hi, "Lalpa, ka muthei kiit ut hi" (c. 41). Jesu a dawng a, "Muhtheihna tang in; na ginna in ahung sudamta hi" (c. 42), huleh thakhatin ahung mutheita hi.

A gintaat va, ahung heetdoh va, Jesu maia a hung va huleh ginna toh a phuandoh chiangun, Jesu awging bulpi toh ahung haamdoh a huleh dawnna piaah ahi uh. Jesu'n Pathian bangkimbawlthei leh bangkimhetu bang silbawltheihna A nei hi. Jesu'n A lungsim silkhat a thupuuh leh, bangtobang natna ahihlouhleh damlouhna zong suhdam ahi diinga huleh buaina zousiah nasan zong suhveng ahi diing hi.

Hizongleh hukhu umzia chu koipouh buaina A suhvengsah in huleh mi khat pouhpouh haamteina A dawng diing chihna ahi sih hi. Gingta lou, phawh lou, ahihlouhleh Amah a lungluutna neilou diinga ngetsah leh gualzawl chu dihtatna dungjuia sildih ahi sih hi.

Huchi mahbangin, Peter in a lungtang a Lalpa a gintaat a

huleh a phawh vangin, a muuh toh a kiphuan louh leh, Jesu'n Peter kawmah hutobang gualzawlna thu limdangte A pe diai? Jesu'n Peter kawmah dihtatna suse louin gualzawlna thuchiam A pe thei hi ajiahchu Peter in a lungtang in Jesu a gingta huleh a phawh a huleh a muuh in a phuangdoh hi.

Peter in Jesu a diinga a bawl banga Hagau Siangthou natohna a na tel ut leh, muuh a kiphuanna na neih a huchia na lungtang thuuhtah apat a hung kipan muuh a kiphuanna na neih diing ahi. Hutobang muuh a kiphuanna Hagau Siangthou thopna apat hung poudoh tungtawn in, na lungtang deihzawng nasan na muh chu ka kinepna ahi.

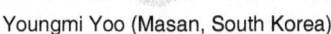
Youngmi Yoo (Masan, South Korea)

Natna chiallouh leh ngeinabanglou ka kawma nikhat hung tung

2005 kum January ha lailung ah, ka mit veilam thakhat in ahung mial a huleh a khomuhna ahung chau hi. Silte ahung mual a ahihlouleh muhtheihlouh phial in ahung um hi. Sil tamtahte a eng in a kilang a huleh sil a tang zong kawi leh kivei in ka mu hi. A khawhzaw chu, luaahsuaah leh luna in ahung jui hi.
Daktor in ka kawmah hichiin ahung hilh hi, "Hikhu Harada Natna ahi. Silte a chianlouhna jiah chu na mitte ah a bawh a um hi." Natna hung kipatna chu a kihe nai sih a huleh khomuna chu damdawi a enkolna toh suhdam a baihlam sih hi. A bawh a khan jell eh, na mitguite a tuam diinga huleh ka khomuhna ka mansuah thei hi. Ka haamteina lam mah ka en kiit hi. Huchiin, hutobang buaina nei lou hileng ka kiuangsahdenkha diing chiin ka leh kipaah hi.
A khonung in, Rev. Dr. Jaerock Lee haamteina huihkhua a hung kihahdoh leh a haamteikhumsa rumal haamteina tungtawn in ka

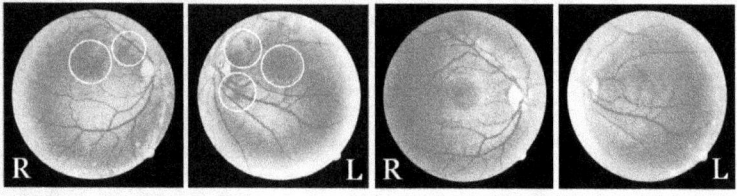
Haamteisahna masang   Haamteisahna zoh in chibawh a mangta

lutang na leh luaahsuaah ahung pha hi. "Mit thagui sisa, ahung hing kiit a! Vaah a hung um hi!"

A khonung in, TV ah Ziltawpni zaankhovaah hamteina chu muhtheihna bukim toh ka en hi. A nuaia thu kigelhte ka mitte ah a chiang mahmah hi. Ka muh ut pentah hoihtahin ka en thei a, huleh silte zong a chianglou in a um nawn sih hi. Sil rong tuamtuamte zong ahung chiangta hi. Bangmah a eng in a kilang nawn sih hi. Halleluijah!

February 14 ni in, ka suhdamna velchian diingin ka va pai a huleh Pathian ka paahtawi hi. Daktor in, "Limdang! Na mit chu a pangai ahi," ahung chi hi. Daktor in ka mitte dinmun khawhdan a he a, huleh a pangai a ahung um chu limdang a sa hi. Hoihtahin etchian ahih nung in, a bawh a mang a huleh a pawm zong a phata chih ahung chian hi. Damdawi inn dang a va enkol ka hih leh hihlouh

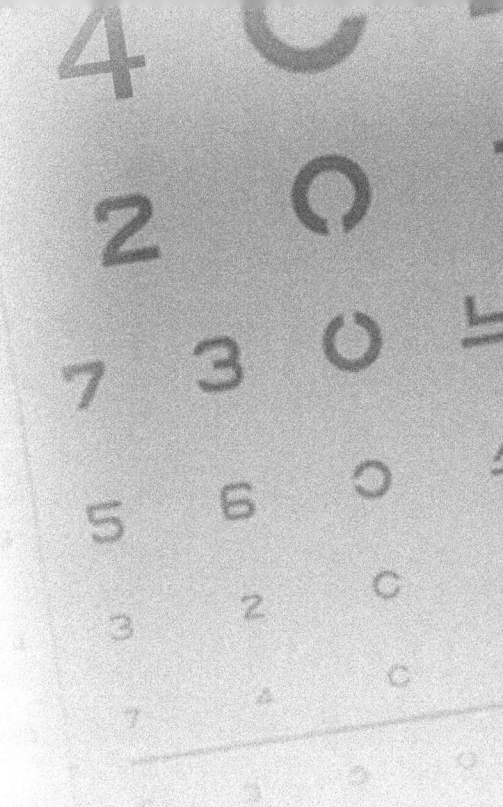

ahung dong hi. Dawnna chiangtah ka pia hi. "Ih, Rev. Dr. Lee haamteina ka dong a huleh Pathian silbawltheihna in ahung suhdam ahi."

Ka khomuhna chu haamteisahna ka tan ma in 0.8/0.25 ahi a, hizongleh haamteisahna zoh in 1.0/1.0 chiang ah ahung hoihtouta hi. Tuin ka khomuhna chu a langnih in 1.2 ahita hi.

-Extraordinary Things apat kiladoh -

Nanguh diingin bang bawl diingin na hung deih viai?

Bung 8

> Jesu'n hichia a chih chiangin,
> 'Nanguh diingin bang bawl diingin na hung deih viai?
> Hikhu chu awging bulpi A thusoidoh ahi.

Awging bulpi tungtawn a dawnna muhna diingin

Lungtang thuuhtah toh Jesu muang in

Pathian kawma na nget chiangin kikou in

A kivei lehleh lou ginna bukim

Na puansilh paihkhia in

Pathian in ginna kiphuanna A za hi

"Nanguh bang hung baw nanguh diingin bang bawl diingin na hung deih viai?" Huleh ama'n hichiin a dawng hi, "Lalpa, ka muthei ut hi!"

(Luke 18:41)

A khatveina diinga biahinn hung kaite zong a lungtang sungnung va Pathian a muan uleh bangtobang buaina zong a dawnna a um thei thouthou uhi. Hikhu jiah chu Pathian chu Pa hoih A tate kawma silhoih pe ut ahi, Matthai 7:11 a kigial bangin, "Huchia nanguh, gilou hizongleh uchin, na tate uh kawm a silpiaah hoih piaahdan na heet va ahihleh, vaan a na Pa un A kawma ngente kawm bangzahta in A pe ut diai!"

Pathian in A dihtatna a dawnna muhna diing lampi A bawlna jiah chu A ta deihtahte gualzawlna kiningching A neihsahna diing ahi. Pathian daan chu "A daan na tun zohlouh jiah un ka hung pe thei sih hi," chihna diinga A bawl ahi sih hi.

Ama'n i lungtang deihzawng, sumlam buaina, innsung buaina, ahihlouhleh natna buainate dawnna muhna diing lampi ahung hilh hi. Huleh, Pathian dihtatna a hutobang dawnnate muhna diingin, ginna leh thumanna a poimohpen hi.

Awging bulpi tungtawn a dawnna muhna diingin

Luke bung 18 ah, mittaw khat a Jesu awging bulpi A soidoh chianga a dawnna mu toh kisai a bukim a kigial i sim uhi. Lampi a khutdoh a, a um laia, Jesu lampi a hung pai chih a za a, huleh aw ngaihtahin a kikou a, "Jesu, David Tapa, ka tungah zahngai in!" a chi hi. A ma a paite'n khauhtahin sip diingin a hilh va, hizongleh a kihahkou semsem hi, "David Tapa, ka tungah zahngai in!"

Huleh Jesu A khawl a huleh A kawma hung pui diingin A hilh, huleh hichiin A dong hi, "Nang a diingin bang hung bawlsah leng na deih ei?" Huleh hichiin a chi hi, "Lalpa, ka muthei ut hi!" Huleh Jesu'n A kawmah, "Muthei in; na ginna in ahung sudam hi," A chi hi. Jesu'n A soi toh kitonin, sil umngeilou khat a tung ahi. Thakhatin khua ahung muthei kiit hi. Huleh mi zousiah hikhu a muh un, Pathian a phat uhi.

Jesu'n "Nang bang hung bawlsah na ut ei?" A chih chiangin awging bulpi a soidoh hi. Mittawpa'n, "Lalpa, ka muthei ut hi!" a chih chiangin, huleh Lalpa'n "... na ginna in ahung sudam hi," A chih chiangin hikhu chu awging bulpi ahi kiit hi.

"Awging Bulpi" chu Pathian aw vaante leh lei leh a sunga um silte zousiah A Thu toh A siam laia A soidoh ahi. Hih mittawpa'n Jesu'n awging bulpi a soidoh chiangin muhtheihna a tang thei hi ajiahchu dawnna muhna diing lampi dihtah a jui hi. Hih hun a kipat in, mittawpa in bangchidana a dawnna muthei ahiai chih a bukim in i enchian diing uhi.

Lungtang thuuhtah toh Jesu muang in

Jesu chu khopi leh khopiliante ah A chiah a, vaan lalgam tanchinhoih thu A soi a huleh A Thu chu chiamchihnate leh silmahte in a juih toh a namdet hi. Mibangloute ahung paithei va, miphate suhdam ahi va huleh khomuhna ahihlouhleh zaahna buaite'n ahung muthei un huleh ahung za thei uhi. A haam theiloute ahung haam thei va, huleh dawite nohdoh in a um uhi. Jesu toh kisai tanchin ahung kithang a, mipi tampi Jesu A chiahna phot ah ahung kikhawm uhi.

Nikhat, Jesu Jericho ah A chiah hi. A ngeina bangin, mi tampi Jesu kiim ah ahung kikhawm va huleh Amah a jui uhi. Huh hun ah, mittaw khat lampi geia khutdoh a tou in mipi pai thawm a zaah a huleh mite kawmah bang thu um ahiai chiin a dong hi. Khenkhat in "Nazareth Jesu ahung pai hi," chiin a hilh uhi. Huin, hih mittawpa'n, huphulh het louin, "Jesu, David Tapa, ka tungah zahngai in!" chiin a kikou hi.

Hichia a kikou theihna jiah chu Jesu'n amah khua a muhsah thei chih a gintaat jiah ahi. Huleh ama'n Jesu chu "Jesu, David Tapa!" a chihna jalin Hundampa bangin a gingta chih zong ngaihdan a pia hi.

Israel mipi zousiah in Messiah chu David innsung apat in ahung piang diing chih jiah ahi. Hih mittawpa in dawnna a muh theihna jiah khatna chu Jesu chu Hundampa banga a gintaat a huleh a pom jiah ahi. Dotna bawl sese lou in hih Jesu'n a musah thei chih a gingta hi.

Mittaw leh muthei lou himahleh, Jesu toh kisai thu tampi a za hi. Mikhat Jesu kichi ahung kilang chih a za a, huleh Ama'n huchilawma silbawltheihna nei in huchiin mihing dang koimah in a suhveng theihlouh buaina khat pouhpouh A suveng thei hi.

Romte 10:17 a kisoi, "Huchiin zaahna apat in ginna," bangin, hih mittawpa in Jesu kawma a va pai theih leh a muthei diing chih ginna ahung nei hi. Ama'n lungtang hoih a neih jiahin a gingta thei hi.

Huchi mahbangin, lungtang hoih i neih va ahihleh, tanchinhoih i zaah chiangun hagaulam ginna neih a baihlam hi. Tanchinhoih kichi chu 'thu hoih' chihna ahi, huleh Jesu toh kisai tanchin zong thu hoih ahi. Hujiahin lungtang hoih neite'n thu hoih a pom mei uhi. Etsahna diingin, mikhat in, "Haamteina tungtawn a suhdamtheihlouh natna apat in suhdam in ka um hi," a chi a, lungtang hoih neite'n amah a kipaahpih uhi. Gingta veh sih zongleh uh, "Hikhu a tahtah ahihleh a hoih veleh," chiin a ngaihtuah uhi.

Mite a giitlouh deuhdeuh uleh, a ginglel deuhdeuh va huleh gintaat louh a sawm semsem uhi. Khenkhatte'n a thutan ahihlouhleh a mohpaih va hichiin a chi uhi, "Mite heemna diinga a bawltawm uh ahi." Hizongleh Pathian in A latsah Hagau Siangthou natohte dihlou leh kibawltawm a chih uleh, Hagau Siangthou soisiatna ahi.

Matthai 12:31-32 in hichiin a chi hi, "Hujiahin ka hung hilh ahi, Mi a sualna zousiah u'leh Pathian a soisiatna zousiah vah ngaihdam ahi diinga; Hizongleh Hagau Siangthou soisiatna chu ngaihdam ahi sih diing. Huleh koipouh mihing Tapa kalh chu, akalhna uh ngaihdamsah ahi diinga, Hizongleh koipouh Hagau Siangthou kalh chu, a kalhna uh hi khovel ah zong, huleh khovel hung um kiit diing ah zong ngaihdamsah ahi sih diing hi."

Hagau Siangthou natohte langsah kouhtuam na mohpaih leh na kisiih diing ahi. Pathian leh nang kikal a sualna baang na koihkhia chiang chauh in, dawnna na mu thei diing hi.

1 Johan 1:9 in hichiin a soi hi, "I sualnate i phuan va ahihleh, Amah chu i sualnate ngaidam diing leh dihtatlouhna zousiah apat a hung silsiang diingin A ginum in A dihtat hi." Kisiihna diing bangahakhat na neih leh, mittui toh Pathian maia a bukim a na kisiih a huleh Vaah chauh a na pai diing ahi.

Pathian kawma na nget chiangin kikou in

Mittawpa in Jesu hung pai chih a zaah chiangin, a kikoudoh a, hichiin a chi hi, "Jesu, David Tapa, ka tungah zahngai in!" Jesu kawmah aw ngaihtahin a kikou hi. Bang diinga aw ngaihtaha kikou ngai ahiai?

Siamchiilbu 3:17 in hichiin a chi hi, "Huleh Adam kawmah Ama'n, 'Na zi thu na juiha, Na neeh louh diing ka chih singgah na neeh jiahin leitung nangmah jiahin haamsiat ahita hi; na damsung teng gimtaha tongin a gah naneta diing.'"
Mihing masapen Adam in sia leh pha singkung apat a neeh masang in, mite'n a ut zahzah uh Pathian in ahung piaah a ne thei uhi. Ahihvangin, Adam in Pathian Thu a manlouh a singkung apat a neeh nungin, sualna mihingte tungah ahung tung a huleh eite tahsa a mihingte i hung hi uhi. Huhun a kipat in, tohgimna tungtawn chauh in i nei thei uhi.

Hikhu ahi Pathian a dihtatna kisiamdoh. Hujiahin, tal a khosaul kaiin Pathian apat dawnnate i tang thei uhi. Chihchu, dawnna i muh theihna diingun i lungtang, lungsim, leh hinna zousiah toh i haamtei va huleh i kikoudoh diing uh ahi.

Jeremiah 33:3 in hichiin a chi hi, "Hung kou inla huleh ka hung dawng diing, huleh na heet ngeilouh sil thupite leh limdangte ka hung hilh diing." Luke 22:44 in hichiin a chi hi, "Na thuaah in kuhkaltahin A haamtei a; huleh A khosaul chu sisan in ahung taahkhia a, tual ah a kesuh hi."

Huleh, Johan 11 ah, Jesu'n Lazar ni li sung sita A kaihthoh nungin, aw ngaihtahin A kikou a, "Lazar, hung in!" (Johan 11:43). Jesu'n A tui leh sisan tengteng A luangsah a huleh kross a, A hoih nunungpen A neih chiangin, Amah, aw ngaihtahin a kikou a, hichiin a chi hi, "Pa, Na khutah Ka hagau Ka hung kolsah hi" (Luke 23:46).

Hih leitung a mihing tahsa a, A hung jiahin, Jesu sualna bei zong aw ngaihtahin ahung kikou a, huchiin hikhu chu Pathian dihtatna dungjuiin ahi. Huchi ahihleh, bangchidana, ei Pathian silsiamte, mihing hihtheihna jala suhveng theihlouh buainate dawnna tanna diinga ngaihtaha kikou loua a lampi awlsam a tou meimei a huleh haamtei thei diing i hi viai? Hujiahin, mittawpa in dawnna a muh theihna jiah nihna chu aw ngaihtah, Pathian dihtatna dungjui, toh a kikou jiah ahi.

Jakob in Pathian gualzawlna chu a khelguh kilawi tandong a haamtei chiangin a mu hi (Siamchiilbu 32:24-30). Kum thum leh a kim khokhal nunga guah a zut tandong, Elijah chu a khup kikal a, a lu phum in naahtahin a haamtei hi (1 Kumpipate 18:42-46). I haatna, ginna, leh lungsiatna zousiah toh i haamtei chiangun Pathian lungtang khoih in kintahin dawnna i mu thei uhi.

Haamteina a kikou kichi chu aw zaahthadahhuai toh kikou diing chihna ahi sih hi. Haamteina lampi kilawm leh Pathian dawnna muhna diing lampi chu 'Keep Watching and Praying' kichi lehkhabu en in..

A kivei lehleh lou ginna bukim

Mi khenkhatte'n hichiin a chi uhi, "Pathian in na lungtang thuuhpen nasan A he a, huchiin na haamteina ah na kikoudoh a ngai sih." Hizongleh hikhu a dih sih hi. Mittawpa chu sip diingin khauhtahin a kihilh hi, hizongleh a kihahkou semsem hi.

Sip diinga hilhte thu a mang sih a, hizongleh Pathian dihtatna dungjuiin lungtang thanopna toh a kihahkou sem hi. Hih hun a, a ginna chu ginna bukim a kiheng ngeilou diing ahi. Huleh dawnna a muhna jiah thumna chu bangtobang dinmun a zong a kiheng ngeilou a ginna a latsah jiah ahi.

Mite'n amah a tai chiangun, mittawpa in nuammoh sa in ahihlouhleh sip taleh, a khomuhna a tang sih diing hi. Ahihvangin, hutobang ginna dettah a neih jiahin Jesu toh khatvei a kimuh kalsiah a mutheita diinga, mite taina a um vangin hutobang hunlem a mansuah thei sih hi. A kisahtheihna latsah hun ahi sih hi. Ahihlouhleh hahsatna khat pouhpouh zoh a kituluut mei diing ahi sih hi. A kikou jel a huleh a tawpna ah dawnna a mu hi.

Matthai bung 15 chu Canaan numei khat lungtang kingaingiam toh Jesu maia hung a huleh dawnna mu tungtaang ahi. Jesu Tura leh Sidan a, A chiah laiin, numei khat A ma ah a hung a huleh A kawmah a tanu dawimat delhdoh diingin a ngen hi. Jesu'n huin bang a soi ei? Hichiin a chi hi, "Tate tanghou laahsah a uite kawma piaah a hoih sih." Tate kichi in Israel mite a kawh a huleh Canaan numei chu, ui ahi.

Mi vaantaangte chu hutobang thusoi jiahin a lungthah un huleh a paimang diing uhi. Hizongleh amahnu chu a chituam hi. Kingaingiamtahin zahngaihna a ngen a hichiin a chi hi, "Ahi, Lalpa; hizongleh uite zong a pu dohkaan apat kia annengte in a kivaah hi." Jesu chu khoih in a um a huleh hichiin A chi hi, "Aw numei, na ginna thupi na e; na deih banga bawl hi hen!" Thakhatin a tanu suhdam in a um hi. Ama'n a kisahtheihna zousiah a paihmang a huleh a kingaihngiam jiahin dawnna a mu hi.

Ahihvangin, mi tampite, buaina lianpi khat suveng diinga Pathian maia a hung vangun, a kinungleh ahihlouhleh Pathian ah a kinga sih uhi, ajiahchu sil neuchacha khenkhatte'n amahuh a sulungnuammoh uhi. Hizongleh buai hahsa khat pouhpouh suhvengna diing ginna a neih tahtah va ahihleh, huchiin lungtang kingaingiam toh, Pathian kawmah A khotuahna a ngen zing diing uhi.

Na puansilh paihkhia in

Hulaia Jesu Jericho a, A chiah laiin, mittaw khat mit A honsah a, huleh Mark 10:46-52 apat in, Jesu'n mittaw dang khat mit A honsah chih i sim uhi. Hih mittawpa chu Bartimaeus.

Ama'n Jesu lampi a hung chih a zaah in aw ngaitahin a kikoudoh hi. Jesu'n mite kawmah amah pui diingin A hilh a, huleh a silbawl hoihtahin i en diing hi. Mark 10:50 in hichiin a chi hi, "A puansilh paihkhia in, a kitawm a huleh Jesu kawmah a hung hi." Hikhu ahi dawnna a muhtheihna jiah: a puansilh a paihdoh a huleh Jesu kawmah a hung.

Huchi ahihleh, bang ahiai hagaulamm umzia kiphual puansilh paihdohna a um a huchia hikhu dawnna muhna diing jiahte laha khat ahih? Khutdoh puansilh chu a niin in a namse mahmah diing hi. Hizongleh hikhu chu khutdoh in a sapum a venbitna diinga a neih sunsun ahi diing hi. Hizongleh Barimaeus in lungtang hoih a puan niin leh namsia toh Jesu maia pai utlouhna a nei hi.

Jesu, amah in a va kimuhpih diing, chu mi siangthou leh siang ahi. Mittawpa in Jesu chu hutobang a mi hoih mite kawma khotuahna pia, amahuh sudam, mizawngte leh damloute kawma kinepna pia ahi chih a he hi. Hujiahin a sialepha heetna aw a ngaikhia a huchiin a puansilh niin leh namsia toh Jesu maia ava pai thei sih hi. A aw ngaikhia a huleh a paihkhia hi.

Hikhu chu Bartimaeus in Hagau Siangthou a tan masang ahi a, huchiin a sialepha heetna hoih aw a ngaikhia a huleh a mang hi. Chihchu, a van neihte laha luulpen, a puansilh, kintahin a paihkhia hi. Puansilh hagaulam umzia dangkhat chu i lungtang niin leh namsia ahi. Hikhu chu lungtang thudihlou kisahtheihna, kiuahsahna, huleh sil niin dangte tengteng ahi.

Hikhu in a etsah chu, Pathian A siangthou toh kimuhna diingin, sual niin leh namsia zousiah, khutdohpa puansilh niin tobang i paihmang diing uh ahi. Dawnna muh na ut tahtah leh, Hagau Siangthou in na hun paisa a sualnate ahung heetsah chianga Hagau Siangthou aw na ngaihkhia diing ahi. Huleh, a bawn a na kisiih diing ahi. Hagau Siangthou aw in ahung heetsah photmah – mittaw Bartimaeus in a bawl bang huphulh hetlou a na man diing diing ahi.

Pathian in ginna kiphuanna A za hi

Jesu'n a tawp in hih mittawpa ginna kimuanna bukim toh ngen A dawng hi. Jesu hichiin A dong hi, "Nang bang hung bawlsah leng na ut ei?" Jesu'n hih mittawpa sildeih he lou ahiai? A dihtahin A he hi, hizongleh A dot teiteina jiah chu ginna kiphuanna a um diing hi. Hikhu chu Pathian dihtatna ahi huchia dawnna tahtah i muhna diing va i muuh utoh i ginna uh kiphuanna i neih uh.

Jesu'n mittawpa kawmah, "Nang bang hung bawlsah leng na deih ei?" chiin A dong hi ajiahchu dawnna muhtheihna diing dinmun ah a ding hi. "Lalpa, muhtheih ka ut hi!" chia a dawn chiangin amah kawma piaah ahi. Huchi mahbangin, Pathian dihtatna dungjuia a poimohte i sepkhia chiangin, i nget taphot i muthei uhi.

Aladdin dawithu thaumei tangthu na he ei? Etsahna in, thaumei thumvei na nuai leh, milian khat thaumei apat ahung pawtdoh huleh silt hum nan get ahung taangtung diing hi. Hikhu chu mite'n a siam uh taangthu himahleh, dawnna muhna diing chabi limdangzaw leh silbawltheizaw tham i nei uhi. Johan 15:7 ah Jesu'n hichiin A chi hi "Keimah a na um uleh, huleh Ka thu nanguh a, a umleh, na deih photmah uh ngen un, huleh nanguh diingin bawlsah ahi diing."

Pathian bangkim bawlthei thupi silbawltheihna na gingta ei? Huchi ahihleh, Lalpa ah na um meimei thei a huleh Thu nangah na umsah thei hi. Ginna leh thumanna jalin Lalpa toh khat a na hung um ka kinem hi, huchia na lunggulhte hangsantaha nan get theih a huleh awging bulpi ahung gin chianga hute na muh theihna diingin.

Ms. Akiyo Hirouchi (Maizuru, Japan)

Ka tunu lungtang vang natna apat suhdam ahi!

2005 kumbul in, ka innsung vah nauphiit ahung piang hi. Hizongleh ha thum zoh in, a nihna pen haihlam ahung buai hi. Amahnu chu a lungtang ah a vang 4.5 mm um lungtang natna toh matdoh ahi. A lu a phong zou sih a huleh nawi zong a teep thei sih hi. Bawngnawi chu thei in a naah tungtawn a piaah a ngai hi.

A dinmun a lauthawnghuai a huleh Kyoto University damdawi inn a naupang daktor chu Maizuru citizen's hospital ah a hung vengveng hi. Naungeeh sapum chu university damdawi inn gamla huntawh a um a suan diingin a chau talua hi. Huchiin amahnu in tualsung damdawi inn a, a kietkol a poimoh hi.

Osaka & Maizuru Manmin kouhtuam a Pastor Keontae Kim in Rev. Jaerock Lee in a haamteikhum rumal toh amah a diingin a haamteisah hi. Huleh, Seoul a biahinnpi ah a lim toh haamteipih diingin zong ahung ngetna ahung bawl hi.

Internet a biahna kikhopna a kai thei diing dinmun ah ka um sih a, huchiin June 10, 2005 in Manmin Central Church a Ziltawpni zaankhovaah haamteina ah ka gelhluut va, huleh huchiin innkuan teng in Rev. Lee haamteina a dong hi.

"Pa Pathian, hun leh mun peel in sudam in. Na khu Miki Yuna, Hirouchi Akiyo Japan a um tunu tungah nga in. Lungtang natna, chiahmang in! Hagau Siangthou meikuang in halmang henla huleh hung chidam in!"

A jingni in, June 11, sil limdangtah a tung hi. Naungeeh chu amah leh amah in a naah thei sih a, hizongleh ahung halh deuhdeuh a huleh a naahsahtu a ladoh thei uhi.

"Hitobang kin a naungeeh hung haldoh chu silmah ahi!" Daktor chu limdangsa in a um hi.

Huni a kipat in, naungeeh hoihtahin ahung khanglian hi. 2.4 kg chauh ahi a hizongleh haamteisaha a um hun a kipat ha nih sungin, 5 kg in ahung gih hi! A kah ging zong ahung ngaih sem hi. Hih silmah mit ngei a mu in, Manmin Central Church ah August 2005 in ka kikhumluut hi. Silmah tungtawn a Amah a gingta diing ka hi chih he sudamna ahung tangsah chih ka hedoh hi.

Hih khotuahna tungtawn in, Maizuru ah Manmin kouhtuam phuhdohna diingin naahtahin ka tong hi. A kihon nung kum thum zoh in, biahinn kilawmtah khat leina diingin kouhtuam membarte leh ke'n Pathian kawmah ka thoh uhi.

Tuni in, Pathian lalgam a diingin phatuamngaihna natoh tampi ka bawl hi. Ka tunu suhdamna khotuahna jal chauh a kipaah louin, hizongleh hinkhua dih lampi a hung pui Pathian khotuahna jiahin ka kipaah hi.

- Extraordinary Things – apat kiladoh.

"Na gintaat dungjuiin na tungah bawl ahi diing"

> Jesu kam apat hung pawtdoh
> Awging bulpi leitung pumpi
> ah a pawtdoh a huleh
> khovel tawptan a pha hi,
> huchiin A silbawltheihna chu
> hun leh mun peel in a kilang hi.

Silsiam zousiah in awging bulpi thu a mang uhi

Mihingte chu awging bulpi za theilou ahung suaah uhi

Dawnnate a muhlouhna jiah uh

Sepaih zahoutu in lungtang hoih a nei hi

Sepaih zahoutu in hun leh mun peel in silmah a tuaah hi

Hun leh mun peel a natohna silbawltheitahte

"Huleh Jesu sepaih zahoutu kawmah, 'Chiah in; na gintaat dungjuiin na tungah bawl ahi diing.' Huleh huh daahkal mahin a suaahpa suhdam in a um hi"

———————

(Matthai 8:13)

Suahtaatna diing lampi a umlouhna mun a nathuaah ahihlouhleh hahsatnate a, a um chiangun, mi tampite'n Pathian chu amahuh apat un a gamla ahihlouhleh amahuh apat in A mai a kiheimang chiin a ngaihtuah uhi. Amahuh lahah khenkhatte'n, 'Pathian in hiah ka um nasan A he maw?' ahihlouhleh 'Ka haamtei chiangin ka haamteina Pathian in A ngaikhia maw?' chiin a ginglel uhi. Hikhu jiah chu Pathian bangkimbawlthei leh bangkimhe ah ginna kiningching a nei sih uhi.

David in a hinkhua ah hahsatna tampi a phukha a ahihvangin hichiin a phuangdoh hi, "Vaan ah kaltou taleng, hutahah nang na um a; sheol ah lupna bawl zong leng, hutahah nang na um jel hi. Jing ha jahin tuilianpi tawppeh ah va um mahleng zong, Hutah ah zong na khutin na hung pui diinga, na khut jiatlamin ahung tu diing hi." (Psalm 139:8-10).

Pathian in vaannuai pumpi leh a sunga sil um zousiah hun leh mun peel a tungah vai A hawm a, muhtheih kigamlatdan mihing in a phawhna chu Pathhian diingin bangmah ahi sih hi.

Isaiah 57:19 in hichiin a chi hi, "'Muuh gah Ka siam hi; Lemna, a gamla kawmah leh a nai a um kawmah lemna um heh,' Lalpa'n A chi, 'Huleh Ka sudam diing hi,'" (NKJV). Hitahah, 'Muuh gah Ka siam hi,' kichi umzia chu Pathian kama pawtkhia thu suhbuhching ahi diing chihna ahi, Number 23:19 a kisoi bangin.

Isaiah 55:11 in zong hichiin a chi hi, "Huchibangin ka kam apata pawt ka thu chu ahi diing hi: bangmah bawllouin ka kawmah ahung kiihkiit sih diinga, ka ut taphot abawlching diinga, huleh ka sawlna lam photah a lohching diing hi."

Silsiam zousiah in awging bulpi thu a mang uhi

Siamtu Pathian in vaante leh lei chu A awging bulpi toh A siam hi. Huchiin, hinna neilou himahleh uh awging bulpi chu awging bulpi toh siam sil tengteng in a mang uhi. Etsahna diingin, tuni in awging mandohtu vanzat aw khenkhat chauh dawnbut thei i nei uhi. Huchi mahbangin, awging bulpi chu vaannuai a sil um tengteng ah a kiphum a, huchiin awging bulpi ahung gingdoh chiangin a mang uhi.

Jesu, Pathian hihna a um in zong awging bulpi A soidoh hi. Mark 4:39 in hichiin a chi hi, "Huin amah chu ahung thoua, huih chu a taai a, diil kawmah, Daai inla, um kinken in, a chi a. Huin huih chu a tawpta a, ahung sipkeeita hi." Tuipi leh huih bil ahihlouhleh hinna neilou in awging bulpi a mang uhi. Huchi ahihleh, ei mihingte bill eh ngaihtuahna neite'n, bang i bawlta diviai? Chiangtahin thu i man diing uh ahi. Hizongleh, mite'n a manlouhna jiah uh bang ahiai?

Awging heetna vanzat etsahna ah, hitobang khawl zakhat a um chi ni. A neitu in a khawlte chu "Hi" chih awging a za chianga kizangthei diingin a bawl hi. Hizongleh koiahakhat in khawl 40 te ana heng hi. Khawlte chu "Ih" chih a za chianga kizangthei diingin ana bawl hi. Huchiin, huh khawl 40 te'n chu "Hi" chih awging a za chiangun na a tong hetsih uhi. Hutoh kibang mahmah in, Adam a sual chiangin, mihingte'n awging bulpi a za thei het sih uhi.

Mihingte chu awging bulpi za theilou ahung suaah uhi

Adam chu a dihtahin hagau hing a siam ahi, huleh ama'n Pathian Thu, thutah chauh a ngaikhia in huleh a mang hi. Pa Pathian in Adam kawmah hagaulam heetna, huchu thutah thute, A hilh a, hizongleh Pathian in deihtelna Adam A piaah jiahin thuman diing leh man louh diing amah a kinga ahi. Pathian in ta khat robot banga thumang gige diing A deih sih hi.

Tate'n A Thu mahni utna toh mang a huleh lungtang dihtah toh Amah lungsiat diingin A deih hi. Ahihvangin, hun sawtpi ahung pai chiangin, Adam chu Setan in a heem a huleh Pathian Thu mang louin ahung um hi.

Romte 6:16 in hichiin a chi hi, "Sual hial lou diing Sihna diinga sual suaah hiin, dihtatna diinga thumanna suaah hitaleh, koi kawm pouh ah zong thumang diinga suaah-a na kipiaah unchu, a thu na manpa uh suaah nahi uh chih nahe sih viai mah?" A kisoisa bangin, Adam suante chu, thumanlouhna jalin, sual suaah leh meelmapa dawimangpa leh Setan suaah ahung hi uhi.

Tuin amahuh chu Setan in a chiil bangbang ngaihtuah, haam, leh gamta diinga um ahi va, huleh amahuh chu sual khat tunga sual behlap a huleh a tawpna si diingin a umta uhi. Ahihvangin Jesu chu Pathian silphatuam bawlsahna ah hih leitung ah A hung hi. Misualte tengteng hutdohna diingin thuphatawina in A si a, huleh A thoukiit hi.

Hikhu jiahin, Romte 8:2 in hichiin a chi hi, "Khrist Jesu a hinna Hagau daan in sual leh sihna daan apat in ahung suaahtasah hi." A kisoi bangin, a lungtang va Jesu Khrist gingta leh Vaah a paite sual suaah ahi nawn sih uhi.

Hikhu umzia chu Jesu Khrist a, a ginna jal va Pathian awging bulpi za diinga bawl ahita uhi. Hujiahin, a za a huleh mangte'n a nget photmah uh dawnna a mu thei uhi.

Dawnna a muhlouhna jiah uh

Tuin, mi khenkhatte'n, "Jesu Khrist ah ka gingta a huleh sualnate ngaihdam in ka um hi, huleh bang dinga suhdam a um lou ka hiai?" chiin a dong meithei uhi. Huchi ahihleh, hih dotna ka hung dong nuam hi. Bible a Pathian Thu bangtan chiangah na mang ei?

Pathian a gingta na kichih laiin, khovel na lungsiat in, midangte na heem sih eimah, ahihlouhleh sil hoihloute khovel mite bangin na bawl sih eimah? Pathian zousiah na kem siangthou ei, sawmakhat hoihtahin na pia ei, huleh Pathian thupiaahte zousiahte sil khenkhat bawl diing, bawl lou diing, ahihlouhleh paihmang diing hung hilh na mang veh eimah nangmah leh nangmah kienchian in.

Kimuangtaha a tunga dotna hi na chih theih leh, na nget photmah dawnna na mu diing hi. A dawnna chu zekai mahleh, na lungtang sungnung thuuhtah apat in kipaahthu na soi diingin huleh kivei lehleh louin Pathian ah na kinga diing hi. Hitobang a ginna na latsah leh, Pathian dawnna ahung piaah diing a uaiai sih diing hi. Awging bulpi ahung soidoh diingin huleh hichiin A chi diing hi, "Na gintaat dungjuiin na tungah bawl ahi diing hi," huleh na ginna dungjuiin a tahtaha bawl ahi diing hi.

Sepaih zahoutu in lungtang hoih a nei hi

Matthai bung 8 ah, Rom sepaih zahoutu khat, ginna tungtawn a dawnna mu, tangthu a um hi. Jesu kawma a hung chiangin, a suaahpa nat chu Jesu'n A ginsah awging bulpi tungtawn in suhdam in a um hi.

Hu laiin, Israel chu Rom Lalgam nuaiah a um hi. Rom sepaihte laha sangkhat, zakhat, sawmngaa leh sawm tunga lal a um uhi. A hihna uh chu a nuai va sepaih umzah dungjuiin a um hi. Sepaih zakhat enkoltu laha khat, Sepaih zahoutu chu Israel a Capernaum ah a uum hi. Jesu toh kisai lungsiatna, hoihna, huleh khotuahna A hilh chi thuthang ana zakha hi.

Jesu'n Matthai 5:38-39 ah hichiin ana hilh hi, "Mit luangin mit, ha luangin ha, ana kichi na jata uh, Hizongleh kenchu na kawmvah ka soi ahi, Migilou thuh sih un; Hizongleh koipouhin na ngeiphe jiatlam a beh leh a lehlam zong doh zaw in."

Huleh, Matthai 5:43-44 ah hichiin ana hilh hi, ""Hizongleh kenchu na kawmvah ka soi ahi, Na meelmate uh lungsiat unla, haansia hung lohte vangpiah unla, ahung mudahte diingin sil hoih bawlsah unla, huleh ahung bawlsete leh ahung suduhdahte diingin haamteisah un. Huchiin na Pa uh vaana um tate na hi thei diing uhi; ajiahchu ama'n migiloute leh mihoihte tungah ani asuaahsaha, huleh miditatte leh midihtatloute tungah zong guah ajusah hi." Lungtang hoihte'n hutobang hoihna thu a zaah chiangun khoihkha in a um diing uhi.

Hizongleh sepaih zahoutu in Jesu'n hoihna chauh ana hilh sih a hizongleh mihing hihtheihnate in a bawl theihlouh chiamchihna leh silmahte zong a bawl chih ana za hi. Tanchin chu mittaw, haamsiat a um a ngaihte, suhdam ahi va, mittaw in ahung muthei a, haamtheilou ahung haam thei a, huleh bilngong in khua ahung za hi. Hubanah, keengbai ahung pai a huleh a kitawm a huleh keengbai zong ahung pai hi. Huleh sepaih zahoutu in hu thute ahi bangbang in a gingta hi.

Hizongleh mi tuamtuam in Jesu toh kisai hutobang tanchinte chu pomdan tuam chiat in a pom uhi. Pathian natohte a muh chiangun, mi chikhatte'n heetsiamna a nei sih uhi. A innkuan uh ginna kilepdan sunga dettaha ding in, pom leh gintaat sangin, thutanna leh mohpaihna a nei uhi.

Pharisaite leh lehkhagialte, amahuh deihna tuambiih neite, chu hitobang ahi uhi. Matthai 12:24 ah, Jesu kawm nasan in hichia a chih uh kigial a um hi, "Hih mipa in Beelzebul dawite vaihawmpa tungtawn in dawite a nohdoh hi." A hagaulam ngolna utoh thu giloute a soi uhi.

Mihing chi nihnate'n Jesu zawlnei thupitahte laha khat ahi a chi va huleh a jui uhi. Etsahna diingin, Jesu'n sihna apat khanglai khat a kaihthoh laiin, mite'n hichiin a chi uhi, "Huin mi zousiah ahung lauta va, Pathian a paahtawi va; I lah ah zawlnei loupitah ahung suaahta; huleh Pathian in a mite ahung vehta ahi, chih!" (Luke 7:16)

Tuin, thumna ah, mi Jesu chu Pathian Tapa mihing zousiah a diinga Hundampa diing a leitung a hung chih lungtang a hedoh a huleh gingta a um uhi. Mipa chu a pian apat a mittaw ahi, hizongleh a mitte chu Jesu a muh chiangin ahung kihong hi.

Hichiin a chi hi, "Khovel um tuunga kipan koima'n mittaw-a piang mit a suhvaahsah chih akija ngei sih. Hipa Pathian a hung kuan ahihlouh inchu bangma a bawl, thei sih diing" (Johan 9:32-33).

Jesu chu Hundampa banga hung ahi chih a hedoh hi. Hichiin a phuangdoh hi, "Lalpa, ka gingta," huleh Jesu a bia hi. Huchi mahbangin, silkhat a hoih khat hedoh thei lungtang hoih neihte'n Jesu chu Pathian Tapa ahi chih Jesu silbawl a muhna vapat in a hedoh thei uhi.

Johan 14:11 ah Jesu'n hichiin a chi hi, "Kei Pa ah ka uma, huleh Pa keiah a um chih hung gingta un; ahihlouhleh silbawlte jiah beehin hung gingta un." Jesu hun laia ana hing bang hitalechin, bang tobang mite laha a telkha na hi diai?

Sepaih zahoutu chu a chi thumna a mite laha khat ahi. Jesu toh kisai thuthang chu ahi bangbangin a gingta a huleh A ma ah a pai hi.

Sepaih zahoutu in hun leh mun peel in silmah a tuaah hi

Sepaih zahoutu in, Jesu'n, "Na gintaat dungjuiin na tungah bawl ahi diing," A chih a zaah nunga kintaha, dawnna a deih a muhna jiah bang ahiai?

Sepaih zahoutu in Jesu chu a lungtang ah a muang chih i muthei uhi. Jesu'n A hilh taphot a mang hi. Hizongleh hih sepaih zahoutu toh sil poimohpen chu hagau lungsiatna dihtah toh Jesu maiah a hung theihna ahi.

Matthai 8:6 in hichiin a chi hi, "Lalpa, ka suaahpa chu zeng in inn ah a luma, nasataha suhnatin a um hi." Hih sepaih zahoutu chu Jehsu ma ah a hung a huleh amah nulehpate, tanaute, ahihlouhleh a tate a diingin ahung ngen sih hi, hizongleh a suaahpa a diingin. A suaahpa natna a thuaahpih a huleh Jesu maiah a hung hi, huleh bangdin Jesu chu a lungtang hoih in a khoih lou diai?

Zeng kichi chu damdawi lam siamna sangpen nasan toh suhdam baihlam hetlou natna khawhtah hi. Mikhat in a khut leh keeng zalentahin a taangsah thei sih a, huchiin midangte panpihna a poimoh hi. Huleh, kisil, anneeh, ahihlouhleh puansilh kihenna ah midang apat panpihna a poimohna hun zong a um hi.

A natna sawtpi a kivei leh, damlou lungsiatna leh khotuahna enkol zing thei mi muh diing a vaang mahmah hi, Koreate thusoi khat bangin, "Natna sawtpi ah tapa kipumpiaah zou a um sih hi." A innkuanpihte amah a kilungsiat banga lungsiat mi a tam sih hi.

Ahihvangin, khatveivei innkuan pumpi lungsiatna toh amahuh diinga kuhkaltaha a haamtei chiangun, hinkhua phatawp peel a paite suhdam a um ahihlouhleh buaina hahsa mahmah dawnna tang i mu thei uhi. A haamteina uleh a lungsiatna natoh un Pathian lungtang a khoihkha mahmah a huchiin Pathian in A dihtatna peel a pai lungsiatna a tungvah A langsah hi.

Sepaih zahoutu in Jesu ah hutobang muanna bukim a nei a huchiin Ama'n a suaahpa zeng A sudam thei hi. Jesu kawmah a ngen huleh dawnna a mu hi.

Sepaih zahoutu in dawnna a muhtheihna jiah nihna chu ama'n ginna bukim a langsah a huleh Jesu thu man vehna diing utna a nei hi.

Jesu'n sepaih zahoutu suaahpa chu amahmah bangin a lungsiat a huleh a kawmah hichiin a chi hi, "Ka hung diinga huleh ka sudam diing." Hizongleh sepaih zahoutu Matthai 8:8 ah hichiin a chi hi, "Lalpa, ka inn a Na hung diing ka phu sih a, hizongleh thu khat hung soi in, huleh ka suaahpa a dam diing hi."

Mi tampite a diingin, a inn a Jesu hung diing chu sil kipaahhuaitah ahi diing hi, Hizongleh sepaih zahoutu a diingin, a tunga kisoi bangin hangsantahin a phuangdoh hi ajiahchu ama'n ginna dihtah a nei hi.

Jesu'n A soi taphot mang thei diinga lungput a neih jiahin ahi. Matthai 8:9 a kisoi, "Ajiahchu kei zong thuneihna nuaia um ka hia, ka nuaiah sepaihte a um va; huleh khat kawmah, Chiahin, ka chihleh a chiaha, huleh a dang kawmah, Hungin, ka chihleh ahunga; huleh ka suaahpa kawmah, hi bawlin, ka chihleh a bawl jel hi," chih apat in a thusoi i muthei uhi. Tuin Jesu'n hikhu a za chiangin, limdang a sa a huleh amah juite kawmah hichiin A chi hi, "Chihtahzetin Ka hung hilh ahi, Israel ah koimah hutobang ginna thupi nei Ka mu sih hi."

Huchi mahbangin, Pathian in bawl diinga ahung hilhte na bawl a, bawllouh diing Pathian in a chihte na bawllouh a, Pathian in kep diing A chihte na kep a, huleh Pathian paihmang diinga ahung hilhte na paihmang leh, na kimuang diinga huleh Pathian maiah silkhat pouhpouh na ngen diing hi. Hikhu jiah chu 1 Johan 3:21-22 in hichiin a chi hi, "Deihtahte, i lungtangin siamlouh ahung tansah louh leh Pathian lamah i haang ahi. Huleh a thupiaahte i juih a, a mitmuha sil kipaahhuaite i bawl jiahin i nget photmah amah a'pat i mu hi.

Sepaih zahoutu in Jesu A Thu zang a sudam theipa silbawltheihna ah ginna bukim a nei hi. Rom Lalgam a sepaih zahoutu ahihvangin, amah leh amah a kingaingiam a huleh Jesu thu man vehna diing utna a nei hi. Hikhute jiahin, a lungdeih dawnna a tang hi.

Matthai 8:13 ah, Jesu'n sepaih zahoutu kawmah, "Chiah in; na gintaat dungjuiin na tungah bawl ahi diing hi," huleh a suaahpa chu hun chet ah suhdam in a um hi. Jesu'n awging bulpi A ginkhiat chiangin, hun leh mun peel in a dawnna piaah ahi, sepaih zahoutu in a gintaat banga.

Hun leh mun peel a natohna silbawltheitahte

Psalm 19:4 in hichiin a chi hi, "...A tehna khau uh leitung zousiah ah zansuaah in a uma, a thu uh kawlmong tanphain a thangta hi. Hute ah ama'n ni a diingin puaninn a jaah a..." (NRSV) A kisoisa bangin, awging bulpi Jesu kam apat hung pawt in khovel tawpna tanpha a tunga, Pathian silbawltheihna chum un peel in a kilangdoh a, muhtheih in bangtan gamla zongleh.

Huleh, awging bulpi khatvei ginkhiat ahih kalsiah, hun a peel hi. Hujiahin, tomkhat zoh nasan in, thu chu dawnna diing i beel a kiman kalsiah sepdoh ahi.

Pathian silbawltheihna natoh tampi hun leh mun peel chu hih kouhtuam ah a tung hi. 1999 in, Pakistan numei sanggamnu khat a sanggamnu Cynthia kichi lim tawi in a hung hi. Hu laiin, Cynthia chu Celiac natna toh a gilpi hung kigaah in si diing a kisa hi.

Daktor in a kiat zoh chiangin a hinna diing a geeng mahmah hi. Hih dinmun ah, Cynthia unu a sanggamnu lim toh ka haamteipih diingin a hung hi. Cynthia a diinga ka haamtei toh kiton in, ahung halhdohpah hi.

October 2003 kum in, ka kouhtuam va pastor huhtu zi a sanggampa lim tawi in ka haamteipih diingin a hung hi. A sanggampa a sisan dinmun ngiam toh buaina a nei hi. Hizongleh a lim tunga ka khut ka ngahna toh ka haamtei chiangin, a sisan ahung tam a, a hung dampahta hi.

Hitobang hun leh mun peel a natohte Russia chialpi St. Petersburg a November 2003 ah tampi a tung hi. Chialpi chu Russia, Europe, Asia, North America, huleh Latin America pumpi a gam 150 val ah satellite 12 tungtawna hahdoh ahi. A kihahdohnate lahah India, the Philippines, Australia, the United States, Honduras leh Peru chihte a tel hi. Huleh, huchi hun lai mahin Russia leh Kiev, Ukraine ah lim kisuah 'screen' in ana en uhi.

Mite'n 'screen meeting' a ava tel un ahihlouhleh inn a TV ana en taleh uh, thusoi ngaikhe photmah in ginna toh haamteina dongte'n a hun mahmah in suhdamna a tang va huleh email tungtawn in a 'testimonyte' uh ahung thot uhi. Awging bulpi a ginkhiat laitaha mun kibang a um hi sih mahleh uh, awging in a tungvah zong na a tong hi ajiahchu hagaulam mun kibang a, a um jiahun.

Ginna dihtah na neih a huleh Pathian Thu na man ut leh, na lungsiatna natoh dihtah sepaih zahoutu bangin kilangsah in, huleh Pathian silbawltheihna hun leh mun peel a natong gingta in, gualzawlna hinkhua na tang thei a, na nget photmah dawnna na mu diing hi.

Kal-nih A Kizom a Halhthahna Kikhopna Poimoh, 1993 apat 2004 tan a kum 12 sung kibawl jel ah, mite'n natna chi tuamtuam suhdamna a tang va huleh a hinkhua buaina chituamtuamte uh suhvengna a tang uhi. Midangte chu hutdamna lampi ah pui in a um uhi. Ahihvangin, Pathian in hih halhthahna kikhopna chu 2004 zoh apat in ahung khawlsah hi. Hichu a sangzaw a kaltouhna diing ahi.

Pathian in hagaulam zilna thah ahung pansah a huleh hagaulam lalgam ning tuam khat ahung hilhchian hi. A tuung in bang ahih ka he sih hi. Sil thah keei khat zong ahi. Hizongleh ka mang top a huleh nikhat ka hung hesiamna diing chih gingta in ka hung zil pan hi.

Kum 30 vel paita ah, haamteina tampi leh anngawlna pastor ka hung hih tuung apat ka lat tungtawn in Pathian silbawltheihna ka tang hi. ni 10, 21, 40 anngawl leh Pathian kawma haamtei sung in kholum leh khovot lahah naahtahin ka pang hi.

Hizongleh hagaulam zilna Pathian in ahung piaah chu hutobang panlaahna sangin tehkaah guallouh in a na mahmah hi. Ka zaah ngei nailouh silte ka heetsiam tum a, huleh ka heetsiam masang Jabbok Lui a Jakob tobang in ka haamtei hi.

Hubanah, Pathian in ka tunna diinga A deih ning chiang ka tun masang in sapum ah tahsalam dinmun tuamtuam ah ka thuaah hi.

Hizongleh Pathian ka lungsiatna leh gintaatna toh ka zou jel a, huleh Pa Pathian kipatna toh kisai hagaulam heetna, huleh lungsiatna leh dihtatna daan, leh sildang tampi heetna ka hung hei hi.

Hubanah, Pathian in ka tunna diinga ahung deih ning ka hung naih chiangin, silbawltheitah natohte ahung tung tam semsem hi. Kouhtuam membar gualzawlna tangte khandan ahung gangzaw a, tunglam suhdamna zong a gangzaw in a tung hi. A ni a ni in 'testimonyte' ahung tam semsem hi.

Pathian in mihingte'n a ngaihtuah phaahna chiang ah silbawltheihna sangpen leh thupipen toh hun tawpni chiangah A silphatuambawlsah ahung subuching nuam hi. Hikhu jiahin hih silbawltheihna ahung pia a, huchiin Biahinn Lian Pathian loupina phuangdoh diing leh, Israel a tanchinhoih puaahkiitna diing hutdamna kuang bang bawl ahi diing chiin.

Israel ah tanchinhoih soi a hahsa tahzet hi. Khristian kikhopna himhim a phal sih uhi. Hikhu chu khovel tohliing thei khop Pathian silbawltheihna nasatah chauh toh a bawl theih a, huleh Israel a tanchinhoih soi diing chu ka kouhtuam kawmva kipiaah mohpuaahna ahi.

Pathian in sil zousiah a hun tawpni siltupte zohna A bawl a, Lalpa moute bang nang ahung chei a, huleh silbangkim nang a diinga A bawl hoih a, huleh na hagau nasan ahung khantouh hun chu a nai mahmahta chih na hung heetdoh ka kinem hi.

Bible a Etsahnate - 3

Vaang Lina Nei Pathian Silbawltheihna

Vaangam lina chu Pathian bulpi a diing liauliau a um munawng ahi. Hikhu chu Pathian a Mithumte ahi a huleh hutahah silbangkim ahi thei hi. Bangmahlou apat in silte a kisiamdoh hi. Pathian in huchia A lungtang a, A ngaihtuah silkhat bawl ahi. Muhtheih silte nasan zong baihlamtahin tui ahihlouhleh huih a suaah hi. Huh munawng in 'ning lina munaawng' kichi hihnate a nei hi.

Hih ning lina hagaulam munawng zang natohte lahah silsiamna natohte, hinna leh sihna thunun, suhdamna leh natoh dang hun leh mun peel a umte a tuunkha hi. Pathian vaangam lina nei silbawltheihna chu zaanni bangin tuni in zong ahung kilang hi.

1. Silsiamna Natohte

Silsiamna natoh chu a ma a ana um ngeilou a khatveina diinga silkhat hung kibawlkhia ahi. Pathian in vaante leh lei leh a sunga sil zousiah a tuung a, A thu chauh toh A siam chiangin hichu silsiamna natoh ahi. Pathian in vaangam lina A neih jiahin silsiamna natohte a langsah thei hi.

Jesu'n a latsah silsiamna natohte

Johan bung 2 a, tui uain suaahsah, chu silsiamna natoh ahi. Jesu chu moulopna gualvaahna ah chial in a um hi, huleh uain ahung bei hi. Mari in a dinmun dahhuai a sa huleh Jesu kawmah panpih diingin a va hilh hi. Jesu'n a tuung in ana nial a, hizongleh Mari in ginna a nei thouthou hi. Jesu'n gualvaahna bawltute A panpih diing chih a gingta hi.

Jesu'n Mari ginna bukim A ngaihkhawhsah a huleh tuibeelte a tui sungdim diing leh gualvaahna houtu kawma va tawi diingin A hilh hi. A haamtei sih a ahihlouhleh tui chu uain suaah diingin thu A pe sih hi. A lungtang chauh ah A koih a, huleh tuibeel guup a tui chu thakhat in uain hoihtah ahung suaah hi.

Elijah tungtawn in silsiamna natohte

Zeraphath meithainu 1 Kumpipate bung 17 a kigial chu dinmuan tuam mahmah khat ahi. Khokhaal sawtpi jiahin a an ahung bei a huleh a neih sunsun chu taangbuang khutdimkhat leh sathau neukhat ahi.

Hizongleh Elijah in tanghou phelkhat bawl diing leh a kawma pe diingin a ngen a, hichiin a chi hi, "Ajiahchu Israelte Lalpa Pathian in hichibangin a chi hi, Lalpa'n leitunga guah ahung zuhsah masiahin taangbuang beel a guaahsuaah sih diinga, huleh sathau uum zong a lohsam sih diing, chiin" (1 Kumpipate 17:14). Meithainu in suanlam bangmah neilou in Elijah thusoi a mang hi.

Hukhu jalin, amahnu leh Elijah leh a innsungmite'n ni tampi a ne va, hizongleh taangbuang beel a guaahsuaah ngei sih a huleh sathau uum zong a hawm ngei sih hi (1 Kumpipate 17:15-16). Hitahah, taangbuang khutdimkhat leh sathau beel uum a gang ngei sih kichi in silsiamna natoh a tung hi chih a kawh hi.

Mosi tungtawn a silsiamna natohte

Pawtdohbu 15:22-23 ah, Israel tate'n Tuipi San a kaan va huleh gamdaai a, a hung uh thu i mu hi. Ni thum a paita a, hizongleh tui khat zong a mu sih uhi. Marah kichihna mun ah tui a mu va, hizongleh a kha a huleh dawn theih ahi sih. Ngaihtahin ahung phunchiata uhi.

Tuin, Mosi Pathian kawmah a haamtei a, huleh Pathian in singkung khat A lah hi. Mosi in hukhu tui laha a paih leh, tui chu ahung humta a huleh dawn theih ahung hi hi. Singkung in tui apat a kha laahmang theihna sil khenkhat nei ahi jiah ahi sih hi. Hikhu chu Pathian in Mosi ginna leh thumanna tungtawn a silsiamna natoh A latsah ahi.

Muan Tui Tuitah Umna Mun

Muan Manmin Kouhtuam in silsiam natohte a tuaahkha uhi

Pathian in tuni in silsiamna natohte A langsah nalai hi. Muan tui tuitah chu hutobang natoh laha khat ahi. March 4, 2000 ni in, Seoul ah Muan Manmin Kouhtuam a tui al chu tui tuitah ahung hihtheihna dingin ka haamtei a, huleh kouhtuam membarte'n a jingni, March 5 ni in, a dawnna chu a chian uhi.

Muan Manmin kouhtuam chu tuipi in a tuam kiimvel a, huleh tuikul apat in tuipi tui chauh a mu uhi. Km 3 a gamla apat tuilawng khat tungtawn in tui dawn a laah uh a ngai hi.

Muan Manmin Kouhtuam membarte'n Pawtdohbu lehkhabu a Marah siltung a hezing va, huleh tui al chu tui tuitah ahung suaah theihna diingin ginna toh haamtei diingin ahung ngen uhi. Ni 10 sung February 21 apat taangdawn a ka haamtei laiin, Muan Manmin Kouhtuam a diingin ka haamtei hi. Muan Manmin Kouhtuam membarte zong anngawl in huleh haamteina nei in a um uhi.

Taangdawn a ka haamtei sungin haamteinate leh Pathian Thu chauh ka ngaihtuah hi. Ka panlaahna leh Muan Manmin Kouhtuam membarte ginna chu Pathian dihtatna daan a tung zou a, huleh hutobang silsiamna natoh limdangtah suhlat in a um hi.

Hagaulam mitte toh, mikhat in Pathian laltouphah a kipat in vaah tuikul tuilawng mong tana hung kumsuh a muthei a, huchiin tui al in huh vaah a suhkha toh kiton in tui tuitah ahung suaahta hi.

Hizongleh hih Muan tui tuitah chu dawn theih a hipah sih hi. Mite'n a dawn va ahihlouhleh ginna toh a zat chiangun, tunglam suhdamna a tang va huleh a ginna dungjuiun buaina dawnnate a mu uhi. Muan tui tuitah tungtawn hutobang natoh toh kisai 'testimony' simseenglouh a um hi, huleh mi tampi khovel ningchih a kipat a hung in hih Muan Manmin Kouhtuam a tuikul ahung veh uhi.

Muan tui tuitah chu Food and Drug Administration of United States in a enkhia a huleh a siangthoudan leh hoihdan chu dan ngaana ah a sunga mineral, siih neng um, damdawi neng un, vun khoihkha thei, huleh gu umthei chihte etkhiahna vanzat in a enkhia uhi. Hikhu chu mineral ah a hausa mahmah a huleh calcium umte cong France leh Germany apat mineral tui minthangtahte sangin a leh thum in a sangzaw hi.

FDA (Food and Drug Administration) te etkhiahna

2. Hinna thunun

Ning lina munawng ah, huchu vaangam lina hihnate nei ahi, a sisa silkhat chu hinna piaah kiit theih in a um a, ahihlouhleh a hing silkhat chu sisah theih in a um hi. Hikhu hinna nei photmah, louhing ahihlouh ganhing hitaleh, tungah a kizang thei hi. Hikhu chu Aaron chiang sel dinmun a kizang ahi. Hikhu chu ning lina munawng in a tuamdim hi. Hujiahin, nikhat thu in chiang gaw chu ahung seldoh a huleh ahung mumdoh in huleh ahung paahdoh a, huleh almond gah ahung suang hi. Matthai 21:19 ah, Jesu'n theipi a gah neilou khat kawmah, "nang a kipat gah mawngmawng a um nawn sih diing," A chi hi. Huleh thakhat in singkung ahung vuai hi. Hikhu zong ning lina munawng in a tuam chiangin bawl in ahung uum hi. Johan 11 ah, Jesu'n Lazar ni paita a si leh namsia a kaihthoh kiitna toh kisai i simdoh uhi. Lazar tungtaang ah, a hinna ahung kilehkiit diing chauh hilouin a sapum muatsa nasan ahung kisuhthah a ngai diing hi. Hikhu chu tahsadan a sil hitheilou keei khat ahi, hizongleh a sapum chu ning lina munawng ah thakhat in ahung thah veh kiit thei hi.

Manmin Central Church ah, Keonwi Park kichi sanggampa khat in a mit langkhat khomuhna a veh in a mansuah hi, hizongleh ahung mukiit thei hi. A mit dal chu kum thum ahih in ana kiatta hi. A buaitou a huleh mittang sunglam naahtahin ahung na hi. A mitang sunglam a buai chiangin, hoihtahin a kimu thei sih hi. Hubanah, 'phthisis bulbi' kichi, huchu mittang thep deuhdeuh, zong a na hi. A tawp in, 2006 in a veilam mit khomuhna a mansuah keei hi.

Hizongleh July 2007 in, ka haamteina tungtawn in khua ahung mu kiit thei hi. A veilam mit in vaah bangmah a phawh sih a hizongleh tuin a mu theita hi. A mittang thep zong a pangai in ahung um kiitta hi.

A jiatlam mit zong ahung sia a, tehna ah 0.1 ahi, hizongleh 0.9 ah ahung hoihtou hi. Amah testimony chu damdawilam leh damdawi inn dolkhatte ah Norway a 5th International Christian Medical Doctors' Conference um ah pulaah in a um hi. Hi thu chu thudang kipoluutte laha lungluuthuaipen a teeldoh in a um hi.

Chi ahihlouhleh thagui dangte tungah hutobangmah a tung thei hi. Thagui ahihlouhleh chi si zongleh, ning lina in a tuam a ahihleh a ngeimah ahung hi kiit thei hi. Tahsalam hihmohna zong ning lina a munawng ah a suhdam theih hi. Natna dangte natna hit ahihlouhleh natna AIDS, tuberculosis, hitaang, ahihlouhleh khosih chihte ning lina ah suhdam theih ahi.

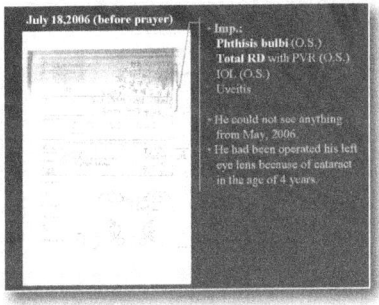

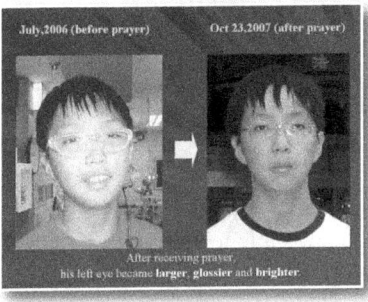

Keonwi Park tungtaang chu 5th WCDN Conference ah lahin a um hi.

Hutobang dinmunte ah, Hagau Siangthou meikuang ahung kumsuh a huleh natna hitte ahihlouhleh hipite a kaangtum hi. Huleh chi sesate chu vaangam ning ah ahung hoih kiit a, huleh hikhu chu suhdamna bukim ahi. Chiing buaina nasan, a buaina umna mun ning lina a munawng a suhdam ahihleh, mikhat in nau a nei thei hi. Ning lina munawng a Pathian silbawltheihna jala i damlouhna ahihlouhleh natna suhdam ahung hihna diingin, Pathian dihtatna a poimohte i neih uh a ngai hi.

3. Hun leh Mun Peel a Natohte

Ning lina munawng a natoh silbawltheitah tungte hun leh mun peel in suhlat in a um hi. Hikhu jiah chu ning lina munawng in ning dangte munawng zousiah a tuunkhawm in huleh a peel hi. Psalm 19:4 in hichiin a chi hi, "... leitung zousiah ah a aw uh a gingdoh a, huleh khovel tawp dongin a thu uh..." (NRSV). Hikhu umzia chu Pathian thute vaangam lina a um in khovel tawp dong a phazou diing chihna ahi.

Vaangam khatna, tahsalam lalgam, a ning nih kigamla mahmah zong ning lina munawng thu ah kinaihtaha umkhawm tobang ahi. Vaah chu second khat sung in Leitung kiim ah sagih leh a kim vei a kivial man hi. Hizongleh Pathian silbawltheihna vaah in thakhat in vaannuai pum a pha man hi. Hujiahin, tahsalam lalgam in ning lina umzia ahihlouhleh gamgi a nei sih hi.

Matthai bung 8 ah, sepaih zahoutu khat in a suaahpa sudam diingin a ngen hi. Jesu'n a inn a chiah diingin A sawl hi, huleh sepaih zahoutu in, "Lalpa, ka inn a Na hung diingin ka phu sih a, hizongleh a thu soi in, huleh ka suaah a suhdam ahi diing," a chi hi. Huchiin, Jesu'n hichiin A chi hi, "Chiah in; na gintaat dungjuiin na tungah bawl ahi diing." Huleh a suaahpa chu hu hun mahin a damta hi.

Jesu'n ning lina munawng a neih jiahin, mi damlou gamlapi a um chu Jesu thupiaah jalin a damta hi. Sepaih zahoutu in hutobang gualzawlna a tang hi ajiahchu ama'n Jesu ah ginna bukim a langsah hi. Jesu'n zong sepaih zahoutu A phat a hichiin a chi hi, "Chihtahzetin ka hung hilh ahi, Israel ah hutobang ginna thupi Ka mukha sih hi."

Tuni nasan in, ginna bukim jala Pathian toh pumkhat a umte, Pathian in hun leh mun peel silbawltheihna natohte A musah hi.

Pakistan a Cynthia chu lungtang natna toh si diing a kisa hi. Israel a Lysanias chu natna hileeng in si dehdeh hi. Hizongleh hun leh mun peel a haamteina silbawltheihna tungtawn in suhdam in a um hi. United States a Robert Johanson in zong hun leh men peel a haamteina silbawltheihna jalin suhdamna a tang hi. A Achilles thagui a tan a huleh a nat beehseeh jiahin a pai thei sih hi. Hun leh mun peel a haamteina silbawltheihna jalin damdawi bangmah a etkol hetlouh in ahung damdoh hi. Hikhu chu silbawltheihna natoh ning lina munawng a hung kilaahdoh ahi.

Rumal tungtawn a sil limdangtah a natoh hung umte zong hun leh mun peel a natohte ahi. Hun paitoujel ah zong, Pathian mitmuh a rumal neitu a dih naahleh, a sunga silbawltheihna um a mang sih hi. Hujiahin, rumal kihaamteikhum chu a luul mahmah hi, ajiahchu khoimunpouh ah hikhu in ning lina munawng a umsah thei hi.

Hizongleh, ginna bangmah neilou a siangthouloutaha rumal a zat leh, Pathian natoh bangmah a um sih diing hi. Rumal toh haamtei a umpa chauh hilou in, hizongleh a tunga kihaamteikhum mipa zong dihtatna dungjuia a um diing ahi. Ginlelhna um hetlou a Pathian silbawltheihna chu rumal in a tuun chih a gintaat diing ahi.

Hagaulam lalgam ah, sil zousiah dihtatna dungjuia kituahchet a bawl ahi. Hujiahin, a haamtei mikhat ginna leh a haamteina dongtu ginna chu kituuptaha buuh in a um a, huleh hukhu dungjuiin Pathian natohna a kilang diing hi.

4. Hagaulam Munawng Kizang

Joshua 10:13 in hichiin a chi hi, "... Huleh vaanlaizawl ah nisa ahung khawl huleh suun nitum phial in a tum diingin a kinoh sih hi." Hikhu chu Joshua in Canaan Gam a laah laia Amormite toh a kidou laia siltung ahi. Vaangam khatna a hun chu nikhat khawl ahiai? Nikhat chu Leitung a mun a khatvei a kivelh hun sung ahi. Hujiahin, hun ahung khawlna diingin, Leitung kivial a tawp a ngai hi. Hizongleh Leitung kivial khawl taleh, Leitung ah buaina nasatah a um chauh hilouin, vaan a sil umte tampi a buai diing hi. Huchi ahihleh, bangchidana nikhat phial hun khawl thei ahiai?
Hikhu chu umsah theih ahi ajiahchu Leitung chauh hilou in hizongleh vaangam khatna a silbangkim hagaulam lalgam hun luang bang a luang hi. Vaangam nihna a hung luang chu vaangam khatna sangin a gangzaw a, huleh vaangam thumna a hun luang chu vaangam nihna a sangin a gangzaw hi. Hizongleh vaangam lina a hun luang chu vaangam dangte a sangin a gangzaw ahihlouhleh awlzaw thei hi. Soidan tuam in, vaangam lina a hun luang chu Pathian lungtupdan, A lungtang a, A paaidan dungjuiin a tuam thei hi. Ama'n hun luang chu A sausah in, A tomsah in, ahihlouhleh A khawlsah thei hi.
Joshua tungtaang ah, vaangam khat pumpi chu vaangam lina munawng in a tuam thei hi, huleh hun chu a poimoh dungjuiin suhsau ahi. Bible ah, hun luang suhtomna tungtaang dang khat i mu uhi. Hikhu chu Elijah chu kumpipa sakolkangtalai sanga a taihaahtzawhna 1 Kumpipate bung 18 a khu ahi.
Hun luang suhtomna chu hun luang suhsauna toh kikalh ahi. Elijah chu amah tai hatdan ngeina in a tai a, hizongleh amah chu hun luang suhtomna a um ahihjiahin kumpipa sakolkangtalai sangin a taihaatzo thei hi. Silsiamna natohte, misi kaihthohna, huleh hun leh mun peel a natohte chu hun luang khawl sunga bawl ahi. Hujiahin tahsalam khovel ah thupiaah ahihlouhleh lungtang a koihna jalin bawl in a um uhi.
Philip 'teleportation' kichi Silbawlte bung 8 a khu bangtobang ahiai chih i en diing uhi. Amah chu Hagau Siangthou in Ethiopia michilgeh toh Jerusalem apat Gaza lampi suh a kimu diinga A mapui ahi. Philip in Jesu Khrist tanchinhoih a soi a huleh tui toh a baptis hi.

Huchiangin, Philip chu thakhat in khopi Azotus kichi ah ahung kilang hi. Hikhu ahi 'teleportation' kichi. Hih 'teleportation kichi a um theihna diingin, ning lina munawng, vaangam lina hihnate nei, jala hung kibawldoh hagaulam lampi a, a pai diing ahi. Hih changvo ah hun luang chu khawlsah ahi a, huleh hujiahin mikhat chu thakhat in gamlapi a tung thei hi. Hih hagaulam changvom i zattheih va ahihleh, khohun umdan nasan zong i thunun thei uhi. Etsahna diingin, mun nih mite'n khokhal leh tuilian a thuaahna mun uh a um hi. Tuiletna mun a guah chu khokhal umna mun sawl theih ahihleh a mun nih a buainate suhveng ahi diing hi. Huihpi ahihlouhleh piingpei nasan mi tenlouhna munte a hagaulam lampi tungtawn in son theih ahi, huleh buaina bangmah a tungsah sih diing hi. Hagaulam munawng i zat uleh, huihpi chauh hilouin taangpawh leh zilliing nasan i thunun thei uhi. Hagaulam munawng toh taangpaw ahihlouhleh zilliing kipatna i tuam thei uh chihna ahi.

Hizongleh hikhu chu Pathian dihtatna dungjuia sil a um chiang chauhin ahi thei hi. Etsahna diingin, khovel siatna gam zousiah sukha, a tun diing dalna diingin, gamsung lamkaite'n haamteipihna a nget uh a poimoh hi. Huleh hagaulam lalgam chu bawldoh hizongleh, vaangam khatna dihtatna peel in i pai thei sih uhi. Hagaulam munawng natohtheihna chu vaangam khatna in hagaulam munawng laahdoh ahih chianga buaizaahna a tuaahlouhna diing chiangah a khawl diing hi. Pathian in A haatna toh vaante zousiah A enkol a, huleh Amah chu lungsiat leh dihtatna ahi.

(Beita)

The Author:
Dr. Jaerock Lee

Dr. Jaerock Lee chu Muan, Jeonam Province, Republic of Korea ah 1943 kum in a piang hi. Kum sawmnih ahihnungin, Dr. Lee chu suhdamtheihlouh natna tampi kum sagih sung a thuaah a, huleh damdohna diing kinepna um lou in sih diing ngaah in, a um hi. Kum 1974 in khokhal laiin ni khat a sanggamnu'n biaahinn a pui hi huleh khupdin a a thum chiangleh, Pathian Hing in a natna zousiah apat in a damsah veh hi.

Hutobang siltuaah toh Dr. Lee in Pathian Hing a muh toh kiton in ama'n Pathian a lungtang leh a chihtahna zousiah toh a lungsiat a, huleh 1978 kum in Pathian suaah diing a kouh in a um hi. Ama'n Pathian deihzawng kichiantah a a heettheihna diing leh a suhbichintheihna diing leh Pathian Thute a man veh theihna diingin chihtahtahin a thum hi. 1982 kum in, Manmin Central Kouhtuam, Seoul, Korea ah a phutdoh hi, huleh Pathian natohna simseenglouh, limdangtah a suhdamna leh silmahte zong tel in, a biaahinn ah a tung hi.

1986 kum in, Dr. Lee in Korea a Jesus' Sungkyul Kouhtuam a Kumtawp Khawmpi ah pastor a ordained ahi a, huleh kum li zou in 1990 kum in, a thusoite Australia, Russia, Phillipines leh a dang tampi a Far East Broadcasting Company, A sia Broadcast Khawlmun, leh Washington Christian Radio System tungtawn in hahdoh ahi.

Kum thu zohin 1993 kum in, Manmin Central Kouhtuam chu Christian World tanchinbu in (US) in 'World's Top 50 Churches (Khovel a Kouhtuam Lian 50 te)' lah a khat in a teldoh hi huleh ama'n Honorary Doctorate of Divinity, Christian Faith College, Florida, USA apat a ngah hi, huleh 1996 kum in Kingsway Theological Seminary, Iowa, USA ah Ph. D in Ministry a la hi.

1993 apat in Dr. Lee in tuipi gaal lam gamte, Tanzania, Argentina, L.A., Baltimore Khopi, Hawaii, leh USA a New York Khopi, Uganda, Japan, Pakistan, Kenya, Philippines, Honduras, India, Russia, Germany, Peru, Democratic Republic of the Congo, Israel leh Estonia a chialpina a bawlna tungtawn in world mission ah lamkaihna a la hi.

2002 kum in amah chi "khovel pumpi tohhalhtu" chiin Korea a Khristian tanchinbu liante'n tuipigaal a, a chialpina tuamtuamte a a natohna sibawltheitah jiaha chih in a um hi. A diaahkhol in, a New York Crusade 2006,' Madison Square Huan, khovel-minthangpen kikhopna mun a um chu, gam 220 ah hahdoh in a um a, huleh a 'Israel United Crusade 2009' International Convention Center, Jerusalem a um ah Jesu Khrist chu Messiah leh Hundampa ahi chiin hangsantahin a phuangdoh hi.

A sermonte chu huihkhua khawl, GCN TV tel in, gam 176 ah hahdoh in a um a huleh amah chu 2009 leh 2010 kumte a Khristian Lamkai Minthangpen 10 te lah ah khat in Russia Khristian tanchinbu minthang mahmah In Victory leh agency thah Christian Telegraph in a TV hahdohna natohna leh tuipigaal kouhtuam-kepna natohna jalin a koih ahi.

December 2016 tan ah, Manmin Central Kouhtuam in kouhtuam membar 120,000 vaal a nei hi. Gamsung leh tuipi gaal ah kouhtuam 11,000 khovel pumpi huap in a nei a, hu lah ah kouhtuam kahiang 56 Korea khopilian tuamtuam ah a um hi, huleh missionary 102 valte gam 23, United States, Russia, Germany, Canada, Japan, China, France, India, Kenya, leh adang tampi telin a sawldoh hi.

Hi lehkhabu kisuahdoh hun tan in, Dr. Lee in lehkhabu 85, a kizuaahdohtampen (bestsellers) Sih Ma A Kumtuang Hinna Cheplawhna (Tasting Eternal Life Before Death), Ka Hinkhua Ka Ginna I &II (My Life My Faith I&II), Kross in a Thusoi (The Message of the Cross), Ginna Buuhna (The Measure of Faith), Vaangam I &II (Heaven I & II), Meidiil (Hell) huleh Pathian Silbawltheihna (The Power of God), tel in a gial hi. A lehkha gelhte haam 76 valin lehdoh ahi.

A Khristian thugelhte, The Hankook Ilbo, The JoongAng Daily, The Chosun Ilbo, The Dong-A Ilbo, The Munhwa Ilbo, The Seoul Shinmun, The Kyunghyang Shinmun, The Korea Economic Daily, The Korea Herald, The Shisa News, leh The Christian Press ah ahung tuang hi.

Dr. Lee chu tu leh tu in missionary pawl leh pawlpi tampi ah, A Lu (Chairman), The United Holiness Church of Jesus Christ; Lamkailian (President), Manmin World Mission; Lamkailian Hi Tawntung (Perma nent President), The World Christianity Revival Mission Association; Mudohtu (Founder) & Board a, a lu (Chairman), Global Christian Network (GCN); Mudohtu (Founder) & Board a, A lu (Chairman), World Christian Doctors Network (WCDN); leh Mudohtu (Founder) & Board a, A lu (Chairman), Manmin International Seminary (MIS)te hihna a tu hi.

His Christian columns appear on The Hankook Ilbo, The JoongAng Daily, The Chosun Ilbo, The Dong-A Ilbo, The Hankyoreh Shinmun, The Seoul Shinmun, The Kyunghyang Shinmun, The Korea Economic Daily, The Korea Herald, The Shisa News, and The Christian Press.

www.ingramcontent.com/pod-product-compliance
Lightning Source LLC
LaVergne TN
LVHW021819060526
838201LV00058B/3448